すぐに役立つ

◆ 図解とQ&Aでわかる ◆
特定商取引法と消費者取引の法律問題トラブル解決法

弁護士 **森 公任**／弁護士 **森元みのり** 監修

三修社

本書に関するお問い合わせについて

　本書の記述の正誤に関するお問い合わせにつきましては、お手数ですが、小社あてに郵便・ファックス・メールでお願いします。大変恐縮ですが、お電話でのお問い合わせはお受けしておりません。内容によっては、お問い合わせをお受けしてから回答をご送付するまでに1週間から2週間程度を要する場合があります。

　なお、本書でとりあげていない事項についてのご質問、個別の案件についてのご相談、監修者紹介の可否については回答をさせていただくことができません。あらかじめご了承ください。

はじめに

　社会には多様なニーズがあり、それに応えるため、商品やサービスが、さまざまな方法により販売されています。取引が複雑になると、消費者と事業者の間で情報に格差が生まれ、消費者の利益が侵害されることが多くなりました。

　消費者を保護するため、さまざまな法律が制定されていますが、消費者契約法、特定商取引法、割賦販売法は、特に重要な法律であり、よく問題となる法律でもあります。これらの法律を遵守することは、契約締結後の法的紛争を回避することにもなり、また、事業者の信用にも関わり、事業者が経済発展する上で重要となります。そのため、事業者は、消費者取引法、特定商取引法、割賦販売法を十分に理解し、消費者と契約する際には、これら法律に沿った契約となるように注意しなければなりません。

　本書では、事業者が消費者と取引をする際に重要となる消費者取引法、特定商取引法、割賦販売法について、知りたいポイントがつかめるようにQ&A形式で読み進められるように構成されています。これらの法律だけでなく、契約の一般的なルールとなる法律や制度の解説もしています。第6章では、トラブル防止のための条項や特定商取引法に基づく表示、クーリング・オフ制度や告知書面の書き方なども解説しています。また、平成28年の消費者契約法、特定商取引法、割賦販売法の改正や、平成29年の民法改正にも対応しています。

　本書をご活用いただき、皆様のお役に立てていただければ監修者として幸いです。

　　　　　　監修者　弁護士　森　公任　弁護士　森元　みのり

Contents

はじめに

第1章　契約の一般ルールと消費者保護の法律

1 契約の内容は自由に決定することができるのでしょうか。　14
2 契約の内容によって無効となる場合があるのでしょうか。　16
3 事業者との契約条項が無効になるのはどのような場合でしょうか。　18
4 定型約款の内容をよく見ていなくても同意したと扱われることがありますか。　19
5 法律行為の無効と取消はどのような違いがあるのでしょうか。　21
6 電子商取引は通常取引と比べ、どんな違いがあるのでしょうか。　22
7 電子契約で操作ミスをした場合にはどのように扱われますか。　23
8 ホームページで商品の申込みができるようなしくみを作る予定ですが、製作上どんな点に注意すればよいでしょうか。　25
9 他人のユーザーIDやパスワードを使って、他人になりすまして締結した契約はどのように扱われるのでしょうか。　27
10 なりすましの被害にあったネットショップが、商品代金を顧客に請求できる場合があるのでしょうか。　29
11 なりすましの犯人がクレジットカードを悪用した場合には、契約関係はどのように処理されるのでしょうか。　31
12 子供がネットショップで勝手に買い物をしてしまい契約を取り消したい、という消費者の主張に応じる必要はありますか。　32

第2章　消費者契約法

1 民法などの法律とは別に、消費者契約法はどのような場面で必要になるのでしょうか。　34
2 消費者と事業者との間で締結される契約対象となるすべての契約に、消費者契約法が適用されるのでしょうか。　36
3 消費者と事業者が契約を締結する際に、事業者は契約内容に関して、どのような情報を提供する必要がありますか。　38
4 消費者契約法は、事業者がどのような行為を行った場合に、消費者契約の取消しを認めているのでしょうか。　40

5	消費者契約が取り消されると、消費者に商品などを渡していた場合、返還してもらうことは可能でしょうか。	42
6	いつでも利用可能と謳い、会員制リゾートの会員権を販売しましたが、実際にはかなり制限があります。契約の取消しなどに応じる必要がありますか。	43
7	事業者がどのような事柄について事実と異なる説明を行うと、契約の取消しを導く重要事項と判断されるのでしょうか。	44
8	消費者が事業者の情報提供を拒んだ場合、その内容が消費者に不利益であれば、消費者取消権の対象に含まれますか。	46
9	事業者が契約締結のために、いつまでも退去しなかったり、消費者の退去を認めなかった場合、契約に影響はありますか。	47
10	取り消される消費者契約に第三者が関与している場合、その契約にどのような影響が生じるのでしょうか。	49
11	店舗で販売員が巧みに勧誘により、高齢者に対して着物を大量に購入させました。この契約の効力が覆される場合がありますか。	51
12	詐欺や強迫に基づき意思表示を取り消しましたが、その取引に第三者がいる場合、どのように扱われますか。	52
13	契約について仲介者や代理人などの第三者を介在させた場合、消費者契約法上の取消権はどのような扱いになりますか。	54
14	消費者取消権は、行使できる期間に制限がありますか。また、消費者が消費者取消権を行使しない場合もあるのでしょうか。	56
15	インターネットを活用した学習教材を販売するにあたり、使用上の制限などについて説明しませんでした。法的に問題はありますか。	58
16	株式会社の株式販売について、詐欺に基づき取り消されることがあるのでしょうか。	59
17	仮想通貨の交換事業者が、消費者に「すぐに価値が値上がりする」といって、現金と仮装通貨を交換させることは、法的に問題がありますか。	60
18	事業者は、契約の内容の中に債務不履行責任をまったく負わないという特約を設けることは許されるのでしょうか。	61
19	事業者が契約の中で、債務不履行責任の一部を免責する特約を置くことは許されるのでしょうか。	62

20	事業者は、契約の中で不法行為に基づく責任の免責特約を設けることが許されるのでしょうか。	63
21	介護福祉施設の事業者が利用者と結ぶ契約について、消費者契約法に違反すると判断されるのはどのような内容の契約でしょうか。	64
22	事業者が契約の中で、契約の対象物に欠陥があった場合の契約不適合責任の免責特約を置くことは許されるのでしょうか。	65
23	事業者が契約の中で、消費者に違約金の支払いを求める特約を置くことはできますか。金額の上限などはありますか。	67
24	契約中に、消費者の権利や利益を一方的に害する特約を設けた場合、消費者が同意していれば許されますか。	69
25	広告の「商品代金が1か月500円」という記載が、実際は定期購入した場合の1か月目の割引価格です。この広告は問題がありますか。	71
26	株式などに関する情報をメール配信で無料提供する契約条項に、期間満了後に有料で自動更新すると記載するのは問題ありますか。	72
27	消費者契約法が規定していない事項について、民法・商法などの他の法律が適用される場合があるのでしょうか。	73
28	複数の消費者が原告になり、事業者の行為について訴訟を提起することがあるのでしょうか。	74
29	消費者問題を扱う適格消費者団体とはどのような団体ですか。どのような要件を満たす必要があるのでしょうか。	75
30	事業者はどのような場合に差止訴訟を提起されるおそれがあるのでしょうか。また、訴訟はどのような手続きを経ますか。	76
31	3日前に消費者宅を訪れ、勧誘して販売した2980円のハンカチについて、クーリング・オフを主張されることがありますか。	78

第3章 特定商取引法【訪問販売・通信販売・電話勧誘販売など】

1	特定商取引法が適用される場合とされない場合があると聞きました。どんな場合なのかを教えてください。	80
2	訪問販売はその他の販売形式とどのような点で異なりますか。また、どのような法的規制がありますか。	81
3	商品を展示会場などに展示する形式で販売する行為が、訪問販売にあたる場合があるのでしょうか。	82
4	キャッチセールスとはどのような販売方法ですか。また、特定商取引法により、どのような規制が設けられていますか。	84

5	どのような商品・サービス・権利が、特定商取引法上の訪問販売の対象になるのでしょうか。	86
6	訪問販売を行う事業者は、消費者に対してどのような情報を明示する必要があるのでしょうか。	88
7	訪問販売で事業者から消費者に交付しなければならない書面には、どのような種類があるのでしょうか。	90
8	事業者が書面の交付義務に違反すると、訪問販売に関する契約にどのような影響が生じますか。	92
9	訪問販売に関する契約書について、消費者に一定の事実を記載するよう働きかける行為は、契約の効力に影響を与えますか。	93
10	訪問販売において、消費者に事実と異なる説明を行い、契約を結ぶことは許されますか。また、他にも禁止行為がありますか。	94
11	事業者が訪問販売において特定商取引法に違反した場合、制裁を受けるおそれがあるのでしょうか。	96
12	訪問販売に対して「商品を買うつもりはない」と明示している人に、さらに購入を進める行為は特定商取引法上の問題を生じますか。	97
13	訪問販売により販売した商品について、具体的にどのような手続きでクーリング・オフの主張がなされるのでしょうか。	99
14	訪問販売により購入した商品について、電話によりクーリング・オフをすることは可能でしょうか。	101
15	事業者がクーリング・オフの行使を妨害したような場合でも、8日間を過ぎると契約の解除ができなくなってしまうのでしょうか。	102
16	取付けサービスを含む床暖房の販売契約について、契約全体についてクーリング・オフを行うことは可能でしょうか。	104
17	消耗品については、どのような場合でもクーリング・オフをすることができないのでしょうか。	106
18	クーリング・オフした商品について、一部使用していた場合に、事業者が費用などを請求することは可能なのでしょうか。	108
19	訪問販売員の巧みな勧誘で、日常生活の使用量を大きく超える商品を販売しました。契約の解除が主張される可能性はありますか。	110
20	契約を解除した際に、消費者が支払う違約金に関して、特定商取引法は限度額などの規定を置いているのでしょうか。	112
21	事業者が自宅などに来て、アクセサリーなどを強引に買い取る商法に対して、特定商取引法は規制を設けているのでしょうか。	114

22 消費者の自宅などを訪問し、物品の買取りを勧誘する場合、事業者はどのようなルールを守る必要がありますか。 116

23 訪問購入に関する契約について、事業者は消費者に対してどのような書面を交付する義務を負いますか。 119

24 訪問購入に関する契約をクーリング・オフする場合には、いつまでに行う必要がありますか。 121

25 訪問購入について、クーリング・オフ期間が経過した場合でも、クーリング・オフが認められる場合はありますか。 122

26 訪問購入に関する契約により購入した業者が第三者に物品を売却する場合に、消費者に通知する義務はありますか。 123

27 訪問購入に関する契約の中で、違約金に関する規定が設けられています。消費者は事業者のいうとおりに支払わなければなりませんか。 125

28 通信販売の対象について特定商取引法は制限を設けているのでしょうか。 126

29 通信販売における返品制度とクーリング・オフはどのような違いがあるのでしょうか。 128

30 ネットの通信販売で販売した品物に欠陥がありました。返品や交換の請求を受けることがありますか。 130

31 通信販売の広告に記載しなければならない事項について、特定商取引法は規定を置いているのでしょうか。 131

32 通信販売に関する広告の記載事項について省略が認められる場合があるのでしょうか。 134

33 通信販売に関する広告などについて、特定商取引法はどのような行為を禁止していますか。 136

34 インターネットで、消費者に指示通りの操作を行わせて、契約を申し込んだ状態にすることは、法的に問題があるのでしょうか。 137

35 通信販売において、電子メールの広告に関する規制は置かれていますか。電子メールの広告を送信できる場合もありますか。 139

36 広告メールの配信停止を希望する消費者のために、事業者は連絡先のアドレスなどを表示する義務を負いますか。 142

37 特定電子メール法による規制と特定商取引法による広告メールの規制にはどのような違いがあるのでしょうか。 143

38 通信販売で、代金を支払った後に商品が送られてくる販売形式について、特定商取引法はどのような規定を置いていますか。 144

39 ネットオークションでは、個人同士の取引であるにもかかわらず、特定商取引法が適用される場合があるのでしょうか。 146

40 ネットオークションで「ノークレームノーリターンでお願いします」といった表示を見かけることがありますが、本当に出品者には何も請求できないのでしょうか。 147

41 オークションサイトで出品していたブランド品がニセモノだった場合、消費者から取消請求を受けるでしょうか。 149

42 ネットオークションで使い物にならない商品を売ってしまった場合、どのような請求を受けるでしょうか。 150

43 事業者が突然かけてきた電話により商品を売り込む販売形式について、特定商取引法はどのような規制を置いていますか。 151

44 事業者が電話をかけて商品を売り込む販売形式で、事業者はどのような義務を負うのでしょうか。 153

45 電話勧誘販売において、事業者は消費者にどのような書面を交付する義務を負いますか。 155

46 消費者が代金を先に支払う方式の電話勧誘販売の場合、事業者は承諾等についてどのような義務を負いますか。 157

47 電話勧誘販売に関する契約についてクーリング・オフが認められない場合はあるのでしょうか。 158

48 事業者側から電話をかけていない場合にも、電話勧誘販売の対象になる場合があるのでしょうか。 160

49 訪問販売・通信販売・電話勧誘販売についてクーリング・オフの対象外になるのはどのようなケースでしょうか。 161

50 自宅での取引でもクーリング・オフが認められないケースがあるのでしょうか。 164

第4章 特定商取引法【連鎖販売取引・特定継続的役務提供・業務提供誘引販売業など】

1 マルチ商法のように、後に販売した商品を他に販売するなどの目的で行う取引には、どんな形態があるのでしょうか。 166

2 連鎖販売取引に関する契約を結ぶ際に契約書の交付などに関する法的規制はあるのでしょうか。 169

3 連鎖販売に関する契約で、事業者が消費者に誤った情報など、事実と異なる説明を行っていた場合にはどのように扱われますか。 172

4 連鎖販売取引について広告する場合に、特定商取引法により禁止されている事項はありますか。 174

5	10日前に締結した連鎖販売取引に関する契約について、クーリング・オフを受ける可能性がありますか。	175
6	クーリング・オフ期間が経過すれば、消費者が連鎖販売に関する契約から抜け出すおそれはなくなるのでしょうか。	177
7	一度の利用ではなく、繰り返し利用することによって効果が表れることが予定されている契約には、どのような種類がありますか。	179
8	特定継続的役務提供に該当するサービスでも特定商取引法の規制対象から除かれる場合があるのでしょうか。	181
9	「必ず効果がある」などの特定継続的役務提供に関する広告などについて、何らかの法的規制は設けられていますか。	183
10	特定継続的役務提供に関する契約を結ぶ場合、事業者は消費者に対して、どのような書面などを交付する義務を負いますか。	185
11	特定継続的役務提供とともに締結した関連商品に関する契約についても、クーリング・オフを行うことは可能でしょうか。	188
12	特定継続的役務提供契約について、クーリング・オフができなくなった後に、契約を解約することは可能なのでしょうか。	190
13	中途解約権を行使した消費者に対して、事業者はどの程度の金額について損害賠償を請求できるのでしょうか。	192
14	婚活支援事業として、結婚相手を紹介するなどの事業を営む上で、契約の締結について注意するべき点を教えてください。	194
15	業務を開始する際に必要な備品などを購入させる契約には、どのような問題点があるのでしょうか。	195
16	業務提供誘引販売業者は、消費者に対してどのような書面を交付する義務を負いますか。	198
17	内職をあっせんする業務提供誘引販売取引について、いつまで消費者からクーリング・オフを受ける可能性があるのでしょうか。	200
18	事業者がネットショップの開設、商品の仕入れ・発送の代行などを提供し、他人に商品を販売させるのは、法的に問題がありますか。	201
19	ホームページを開設して、手作りの小物の広告を掲載する契約を結びましたが、この契約を取り消すことは可能ですか。	202
20	消費者が頼んでいない商品を送付するような販売形式でも、売買契約の成立が認められるでしょうか。	203
21	ネガティブオプションについて、特定商取引法が適用されない場合はどのような場合ですか。	205

第5章　割賦販売法

1. 商品などの代金を後で支払うクレジット契約のうち、割賦販売法が適用されない場合があるのでしょうか。 208

2. 商品代金などを後払いの分割方式で支払う契約について、どのようなトラブルが発生していますか。 210

3. 割賦販売とはどのような方式の契約なのでしょうか。また具体的にはどのような支払方式がありますか。 212

4. 割賦販売業者が広告に記載する事項について注意する点はありますか。また、契約書の交付など契約時に気をつける点はありますか。 214

5. 割賦販売により購入した商品について、代金を完済していなくても、購入者が所有権を取得することができるのでしょうか。 216

6. 代金を一括払いではなく、ローンにより販売した取引で、買主が代金を支払えなくなった場合、販売業者は責任を負いますか。 217

7. クレジットカードを利用した契約で、購入者の支払能力を調査する義務を負いますか。 219

8. 加盟店で商品を購入するためのクレジットカードを交付した業者は、どのような義務を負うのでしょうか。 221

9. 包括信用購入あっせんについて、どの程度の内容について、購入者に契約内容を明示する必要がありますか。 222

10. 事業者が販売した商品に欠陥があった場合、購入者がカード会社からの支払請求を拒否することは認められますか。 223

11. 分割払いで商品を購入する場合に、クレジットカードを利用しなくてもよい契約はあるのでしょうか。 225

12. 商品などの代金を後払いで分割して支払う契約では、どのように購入者の支払能力を算定するのでしょうか。 227

13. 個別信用購入あっせんにおいて、個別クレジット会社が負う調査義務は、すべての契約が対象になりますか。 228

14. 個別信用購入あっせんにおいて、販売業者は購入者に対してどの程度の内容の取引条件を記載した書面を交付する義務がありますか。 229

15. 商品などの代金を後払いで分割して支払う契約について、クーリング・オフを行うことは可能でしょうか。 231

16. 消費者の信用状況は、どのような機関が管理しているのでしょうか。 233

17. 加入クレジット会社が指定信用情報機関に加入する際には、どのようなは義務を負いますか。 235

18 クレジットカード番号等の情報漏えいを防ぐために、業者にはどのような義務が課せられていますか。　237
19 特定の商品やサービスについて、代金を前払いで支払う形式の契約では、どのようなトラブルが発生しますか。　239
20 割賦販売契約を締結した後に、消費者に対する代金支払請求権を第三者に債権譲渡することについて、法的に問題点はありますか。　241
21 リース会社が販売事業者から商品を購入し、それを消費者にリースする形式について、割賦販売法は適用されますか。　242

第6章　トラブル予防や解消のための法律知識

トラブル防止のための条項の作り方
消費者契約法によって無効とされる特約　244

通信販売の広告記載事項
必要的記載事項の内容　248
必要的記載事項を省略できる場合　251
　書 式　特定商取引法に基づく表示　252

クーリング・オフのしくみと告知書面の作成法
　クーリング・オフ制度とは　253
　内容証明郵便とは　253
　クーリング・オフの効果　254
　クーリング・オフの告知書面の書き方　255

第1章

契約の一般ルールと消費者保護の法律

契約の内容は自由に決定することができるのでしょうか。

原則として自由な契約を結ぶことができますが、強行規定の内容が契約に優先します。

　契約は、申込みと承諾によって意思が合致した時に成立します。そして、契約自由の原則によって、原則として自由に契約を締結することができます。契約自由の原則には、①契約を締結する・しないの自由、②契約の相手選択の自由、③契約内容の自由、④契約方法の自由の4つの自由があります。

① 締結する・しないの自由

　契約をするかしないかは原則として強要されることはなく、当事者の自由です。片方の当事者が契約することを望んでいても、もう片方の当事者が条件が合わないなどの理由で契約することを望まないのであれば、契約は成立しません。

② 契約の相手選択の自由

　契約の相手方を信用できなければ契約をしなくてもよい、相手を自由に選んでよい、という自由です。

③ 契約内容の自由

　たとえば売買契約では、何を売るのか、代金はいくらか、いつ支払いや引渡しをするか、などの契約内容を当事者の合意があれば原則として自由に決められるということです。

④ 契約方法の自由

　口約束でも書面でもメールでも、双方の合意があれば契約とし

て成立し、方法（方式）は問わないという自由です。

●契約自由の原則の修正（強行規定）

　契約の内容が法律の規定と異なっても、契約として締結された内容が法律の規定に優先するのが原則です。当事者は、法律を守る以前に、何よりも契約内容を守ることが求められます。契約は合意に基づいた強制力を伴う当事者間のルールであり、当事者間の合意が前提です。ここでは「自由な意思に基づく」という意味で契約自由の原則が存在します。ただし、強行規定（17ページ）である法律の規定の内容は、例外的に契約に優先します。

　たとえば、消費者が事業者から商品を購入するのは売買契約ですが、一般的に事業者の方が消費者より知識も豊富で「強者」といえます。そこで、一般的に「弱い」立場になりやすい消費者を保護するため、消費者契約法や特定商取引法などの消費者保護に関する法律（消費者保護法）が存在します。これらの法律の規定のほとんどが強行規定ですから、事業者が消費者との契約でトラブルが生じた際には、まずは特定商取引法や消費者契約法などに違反していないかを確認する必要があります。

■ 契約自由の原則

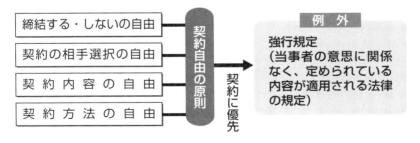

第1章 ● 契約の一般ルールと消費者保護の法律　15

契約の内容によって無効となる場合があるのでしょうか。

公序良俗違反の契約など無効になることがあります。

契約が無効の内容を守る必要はありません。たとえば、「夫が憎いので100万円払うから殺してくれ」というような「殺人契約」は、常識的に考えて、そのような内容の契約が「あってはならない」ことは明らかです。このような極端な例でなくても、契約が無効がどうかが問題となる場面として、①契約が実現不可能である場合、②契約の内容が不明確である場合、③そもそも契約が成立していない場合があります。

① 実現不可能な契約（原始的不能）

　家の売買契約を締結したが、その家が契約日に前日に災害で焼失していたような場合で、原始的不能といいます。かつては原始的不能の契約は無効でしたが、令和2年4月施行の民法改正により、契約としては成立させ、後から契約の解除によって消滅させることを可能にしました。

② 契約の内容が不明確なとき

　「就職が決まれば何かプレゼントしよう」というように、契約の内容が特定できないような場合です。この場合は契約が無効とされます。

③ 契約が成立していない場合

　この場合は契約が無効とされます。たとえば、誰かが自分の名

前を騙って勝手に契約をした場合や、誰かが勝手に自分の代理人として契約を結んだ場合などが挙げられます。

● **公序良俗違反の場合には無効である**

公序良俗違反(明らかに反社会的で不当であること)の契約は無効とされます。「公序良俗」の内容は時代とともに変化し、個人間の常識の差もあるので、有効か無効か意見の分かれるケースもありますが、一般常識で判断できることが多いといえます。

● **強行規定違反の場合は法律の内容による**

前述したように、契約に優先する法律の規定が強行規定(強行法規)です。強行規定に違反する契約は、その強行規定について定めた法律に従います。主として、契約そのものが無効になる場合と、強行規定に反する契約の部分だけが無効になって契約そのものは無効にならない場合があります。そのため、契約をするときは、契約内容に関する強行規定に違反しないようにしなければなりません。契約自由の原則からすれば、契約は自由なはずですが、それでは立場の弱い者が不利な立場に追いこまれがちですから、強行規定違反の契約は、契約の全部または一部が無効とされるのです。強行規定のルールとして下図のものがあります。

■ **強行規定とされるおもなもの**

借地借家法	当事者同士の契約内容が借地借家法の規定より借主に不利な場合には、借地借家法が適用される
利息制限法	利息の上限が決められている
労働関係の法律	時間外労働、休日労働、深夜労働に対しては所定の割増賃金を支払う(労働基準法)など
消費者保護に関する法律	クーリング・オフを認めない契約をすることはできない(特定商取引法)など

第1章 ● 契約の一般ルールと消費者保護の法律

事業者との契約条項が無効になるのはどのような場合でしょうか。

一方的に消費者が不利な契約条項は無効です（契約の一部の無効）。

「事業者がウソを言う」「事業者の不利になることを意図的に隠す」「適切な理由もなく断定的なことを言う」などによって、事業者が消費者をだます形で契約を締結した場合には、消費者は契約を取り消すことができます。また、契約成立過程は適切であっても、以下のように、消費者にとって一方的に不利となる契約条項（契約の内容）が無効になる場合があります。

・事業者が商品を渡さなかったために、消費者が損害を被ったとしても、事業者は一切の責任を負わないとする内容
・事業者がわざと、または不注意で、商品を渡さなかった場合であっても、事業者は全部または一部の責任を負う必要がないとする内容
・事業者が商品を渡す場合に、事業者が消費者に損害を与えたときの賠償責任を一切負わないとする内容
・事業者が商品を渡す場合に、わざと、または不注意で消費者に損害を与えたとしても、事業者は全部または一部の責任を負う必要がないとする内容
・契約の目的物に、普通では気づかないようなキズなど（契約不適合）があり、このキズなどによって消費者が損害を受けた場合でも、一切の損害賠償を負う必要がないとする内容

Question 4 定型約款の内容をよく見ていなくても同意したと扱われることがありますか。

みなし合意にあたる場合は、定型約款の内容（個別の条項）に合意したと扱われます。

「定型取引」とは、ある特定の者が不特定多数の者を相手に行う取引をいいます。契約内容について、交渉・修正・変更を行わず、誰にとっても同一の内容の契約条項が用いられるという特徴があります。そして、定型約款とは、この定型取引の内容について、一方の当事者があらかじめ定めておいた契約条項の全体を指します。定型約款について、民法改正で規定が設けられました（原則として令和2年4月施行）。保険約款、預金規定、通信サービス約款、運送約款、カード会員規約は、すべてのユーザーに共通する内容なので、定型約款にあたる可能性が高いといえます。また、ガスや水道、電気等の供給契約も、個人別に契約条項を作成しなければ締結できないとなると、迅速に供給契約を締結できず、消費者の日常生活に支障をきたしかねません。そこで、これらの契約にも定型約款にあたる供給約款が準備されています。

●定型約款の内容

民法では、定型取引をすることの合意（定型取引合意）があった際に、①定型約款を契約の内容とすることの合意もあった場合、または②定型約款を契約の内容にすることをあらかじめ相手方に表示していた場合には、定型約款の内容（個別の条項）について合意があったものとみなすと規定しています。これを「みなし合

第1章 ● 契約の一般ルールと消費者保護の法律　19

意」と呼んでいます。特に②の場合は、相手方（消費者だけでなく会社も含まれます）が定型約款をまったく見ていなくても合意があったとみなされることがある点は注意が必要です。

　みなし合意の制度は、不特定多数の相手方との画一的な取引を迅速かつ効率的に行うために有用なものです。しかし、常に合意があるとみなされると不都合が生じる場合もあります。そのため、一定の場合には個別の条項がみなし合意の対象から除外される規定が置かれています。具体的には、相手方の権利を制限したり、義務を加重する条項であって、定型取引の態様・実情や取引上の社会通念に照らして、信義則（信義誠実の原則）に反して相手方の利益を一方的に害すると認められるときには、そのような個別の条項については合意をしなかったものとみなされます。

　除外規定に該当する条項の例として、不当条項や不意打ち条項が挙げられます。不当条項とは、契約違反をした相手方に過大な違約金を課する条項などを指します。不意打ち条項とは、定型取引と関連性のない製品やサービスを通常予期しない形でセット販売している条項などを指します。定型約款の作成・運用をする際には、みなし合意の適用を受けるため、除外規定に該当しないようにすることが求められます。

■ **定型約款を利用した取引**

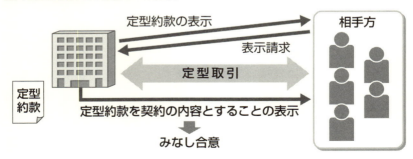

法律行為の無効と取消はどのような違いがあるのでしょうか。

効果や主張権者、主張期間などに違いがあります。

　無効とは、契約が当然に効力をもたない場合をいいます。他方、取消とは、契約は一応有効とされるものの、取消権者によって取り消されることで、はじめに遡って契約が効力を失うことをいいます。無効と取消は、以下のような違いがあります。

① **主張権者や主張期間**

　無効は、原則として誰でも主張できます。他方、取消は、主張権者が法律の定めによって制限されています。取消ができる者を取消権者といいます。また、無効は、いつでも主張できるのが原則です。他方、取消は、追認できる時から5年間、または契約時から20年間に主張期間が制限されています。

② **追認**

　無効は、はじめから当然に効力をもたないため、後から承認（追認）して有効にすることはできません。ただ、無効であることを知った上で追認した場合は、新しい意思表示をしたものとみなされることになります。

　他方、取消は、一応有効ですから、取消権者が取消前に承認（追認）することによって確定的に有効とすることができます。追認は相手方に対して口頭で行うこともできますが、内容証明郵便など証拠が残るもので行うのがよいでしょう。

第1章 ● 契約の一般ルールと消費者保護の法律　21

電子商取引は通常取引と比べ、どんな違いがあるのでしょうか。

電子データの改ざんの容易性などがあり、電子商取引特有のリスクがあります。

商取引の中でも主としてインターネットを介して行われる商取引のことを電子商取引といいます。インターネット上で取引を行う場合には、ホームページなどの画面にあるフォームの送信機能を利用したり、電子メールを利用します。ホームページや電子メールなどインターネットの技術は、他人との交流や情報交換に役立つだけでなく、ショッピングや投資などのさまざまな取引にも使われています。

電子商取引は、通常の対面式の取引とは違い、相手の顔が見えないため、契約の成立時期がわかりにくいという問題点があります。たとえば、契約の申込みの撤回が、いつまで正当に行えるのかがはっきりしないことがあります。さらに、電子商取引の場合には、契約の成立を示すものは電子データです。電子データは、性質上、改ざんやコピーが行われやすいため、書面に比べると契約の証拠としては不安定であるという性質をもっています。その他にも、電子メールなどを利用して情報の送受信を行うため、情報が漏れるケースが多く見られます。

そのため、電子契約法（電子消費者契約に関する民法の特例に関する法律）や電子署名・認証制度によって、電子商取引の安全が図られています。

電子契約で操作ミスをした場合にはどのように扱われますか。

操作ミスをしても救済されます。

　インターネット上での取引では、事業者側は、商品の情報をホームページなどに掲載します。これを申込みの誘引といいます。消費者がこの申込みの誘引に応じて、商品を注文することを申込みといいます。ただ、この当事者同士が遠く離れた場所にいて契約をする場合には、申込みと承諾の時期にズレが生じます。改正前民法では、承諾の通知が発信された段階で契約が成立するのが原則でしたが、令和2年4月施行の民法改正によって承諾の通知の到達時に契約が成立することになりました。

　これに対し、インターネット上の取引も、お互いに遠く離れた場所にいて契約をする場合ですが、インターネットを利用すると承諾の意思表示がすぐに相手に到達します。このため、改正前民法の時代から、電子契約法では、インターネット上の取引の場合には、承諾の通知が相手に到達した時に契約が成立すると定めていました。この点は改正後の民法でも変わりません。ネットショップで商品を購入する場合、顧客は、連絡先のメールアドレスを店側に伝え、注文を受けた店は、メールで承諾の通知を送ることになります。そして指定アドレス宛に承諾のメールを送信する場合、メールの情報がメールサーバーに記録された時点で到達したと扱われます。サーバーに情報が記録されればよく、顧客が

第1章 ● 契約の一般ルールと消費者保護の法律

実際にメールを読む必要はありません。サーバーに記録された後に、システム障害などによってデータが消滅しても到達の有無に影響はありません。一方、サーバーが故障して、承諾メールの情報が記録されていない場合は、到達なしと扱われます。

●**操作ミスをしても救済される場合がある**

電子契約法では、消費者の操作ミスの救済が図られています。契約の原則（民法の原則）によると、重大な不注意で勘違いして意思表示をしたときは錯誤取消を主張できません。操作ミスは重大な不注意とされる可能性があります。そのため、電子契約法では、この原則に対して例外を定めています。

具体的には、事業者側には、消費者が申込みを確定させるより前に、自分が申し込む内容を確認できるようにする義務が課せられています。内容が確認できるようになっていない場合で消費者がコンピュータの操作を誤ったときには、契約の申込みの意思表示が無効とされるわけです。他方、消費者が申込みの意思表示をする画面で、申込内容を確認できるように事業者側が作っていた場合には、消費者側で申込みの意思表示の錯誤取消を主張することはできません。

また、申込内容の表示を見て、訂正しようとした場合に訂正できるようにしてある場合も、錯誤取消の主張はできません。

■ **お互いが離れた場所にいる場合の契約成立時期** ....

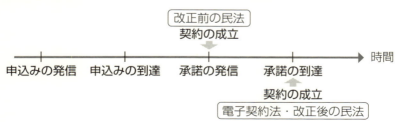

24

ホームページで商品の申込みができるようなしくみを作る予定ですが、製作上どんな点に注意すればよいでしょうか。

消費者が誤認することのないわかりやすい申込画面を作る必要があります。

　ホームページを作成する際には、電子契約法のルールや特定商取引法のルールもあわせて確認しておくことが大切です。
　一般の取引では、買主が購入数を言い間違えて、商品を沢山購入してしまった場合、買主に重過失（不注意の程度が著しいこと）がない限り、民法の「錯誤」の規定に基づき、買主は契約の取消しを主張できます。一方、ネットショップでの取引の場合には、民法の錯誤のルールが修正された上で適用されます。具体的には、民法の考え方とは異なり、消費者は重過失があっても契約の取消しを主張できます。
　しかし、消費者に重過失があった場合でも、次のいずれかの条件にあてはまると、消費者は契約の取消しを主張できなくなります。まず、申込画面上に、申込みを行う意思があるかどうかを確認するしくみ（確認措置）があった場合です。次に、消費者が「確認措置は不要である」という意思を表明している場合です。

●**申込画面上で消費者が確認できるようにする**
　以下の条件をクリアする申込画面であれば、確認措置を講じていると考えられます。
① 　あるボタンをクリックすると申込みの意思表示になると消費者が一目で理解できるような画面になっていること。

第1章 ● 契約の一般ルールと消費者保護の法律　　25

②　申込みボタンを押す前に、申込内容が画面に表示され、内容を簡単に訂正できるしくみになっていること。

●**確認措置が不要な画面を作成する場合**

　消費者が「確認措置が不要である」という意思表明を行う画面を作成する際に注意することは、消費者が自分から望んで確認措置が必要ないと事業者に伝えたといえる画面を作成することです。たとえば、チェックボックスにチェックを入れると、確認措置が不要であることの意思表明になるという具合に、わかりやすいしくみが必要です。

　また、事業者から意思の表明を強制されたと判断されるような場合は、消費者が自分から望んだとはいえません。したがって、次のケースは、事業者による強制があるといえるため、不適切なしくみであると考えられます。まずは、確認措置を設けていない事業者が、一方的に「確認措置を不要とする意思表明を行ったとみなす」と主張する場合です。次は、「確認措置が不要であることに同意します」というボタンを押さないと、商品を購入できないしくみになっている場合です。

■ **申込画面と確認画面**

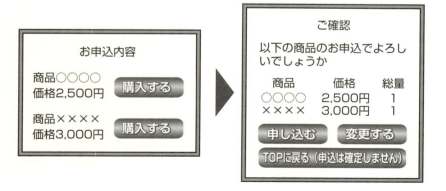

他人のユーザーIDやパスワードを使って、他人になりすまして締結した契約はどのように扱われるのでしょうか。

原則として契約の成立が否定されます。

　なりすましは、たとえばAがBのユーザーIDとパスワードを勝手に使い、Bと名乗ってネットショップCから商品を購入する場合です。インターネットを用いた電子商取引では、当事者が実際に面と向かっているわけではありませんので、比較的容易になりすましを行うことが可能です。

　なりすましの事案では、被害者BとネットショップCの間には契約は成立しません。Bには商品を購入する意思もなければ、注文行為も行っていないからです。したがって、ネットショップCは被害者Bに対して、代金の支払いを請求できないのが原則です。

　なりすましの可能性があるケースで最初にすべきことは、本当になりすましなのか確認することです。Bがウソをついている可能性もあります。事業者であるCの立場としては、なりすましか否かによって、その後の対応がまったく異なりますので、慎重に確認することが必要です。特に商品を発送してしまった場合には、代金を回収できないという被害が生じているため、警察に被害届を出しましょう。被害届の罪名は、刑法が定める詐欺罪や不正アクセス禁止法違反です。

●なりすましでない場合にはどうなる

　確認の結果、Bが自分で商品を注文したにもかかわらず、なり

第1章 ● 契約の一般ルールと消費者保護の法律　27

すましだとウソをついていることがわかった場合は、通常どおりの扱いとなります。つまり、ＣはＢに対して商品を引き渡し、代金の支払いを求めることになります。ただ、ウソをついて代金の支払いを拒むくらいなので、Ｂは相当悪質な顧客です。商品の受け取り拒否や代金不払いが予想されます。

●なりすましの場合には犯人に請求する

調査の結果、Ａが犯人だとわかった場合は、ＣはＡに対して、不法行為に基づく損害賠償請求や不当利得の返還請求をします。不法行為とは、意図的に（故意）または、落ち度によって（過失）他人の財産などに損害を与える行為です。不法行為を行った人は、不法行為により生じた損害を賠償する義務を負います。不当利得とは、利益を受ける根拠がないにもかかわらず、他人の財産や行為によって利益を受けることです。不当な利益を得た人は、得た利益を返還する義務を負います。ただし、犯人Ａの名前や住所が判明しても、Ａが代金を支払うだけのお金を持っていない場合には、損害賠償の請求は難しくなります。

■ なりすまし行為とネットショップの採り得る手段

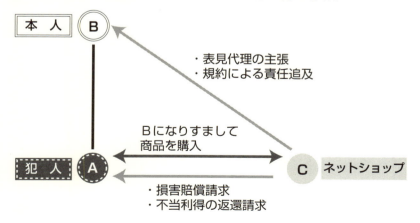

Question 10 なりすましの被害にあったネットショップが、商品代金を顧客に請求できる場合があるのでしょうか。

例外的に被害者に請求することができる場合があります。

たとえば、AがBのユーザーIDやパスワードをBに無断で使用して、ネットショップCとの間で、商品の売買契約を締結したという場合を考えてみましょう。本ケースのようななりすましの事案では、原則としてB・C間での契約の成立は否定されますので、ネットショップCは、なりすましの犯人であるAに対して商品代金を請求することになります。しかし、ネットショップCが被害者Bに対して、責任を追及できる場合が2つあると考えられます。それは、表見代理の主張と規約による責任追及です（前ページ図）。

・表見代理の類推適用が可能な場合（表見代理の主張）

表見代理は、代理権を持っていないのに代理人と称している人と取引した相手方を保護する制度です。本ケースでは、表見代理が類推適用されると、CとBの間に契約が成立したのと同様に扱われると考えられます。

類推適用とは、ある法律の規定を、事案の性質が似た別の事柄にも適用することです。なりすましの事案では、犯人Aが代理人と称しているわけではないので、表見代理の規定をそのまま適用できません。したがって、表見代理の類推適用になります。その要件は、①Bが注文したかのような外観の存在、②Cが外観を信頼したことについて落ち度がないこと（善意・無過失）、③Bに

第1章 ● 契約の一般ルールと消費者保護の法律　29

落ち度があることです。

・規約に責任追及を可能とする規定がある場合

　ネットショップの中には、ユーザーIDとパスワードを使って本人確認を行っているところがあります。その店が規約に次のような規定を設けている場合には、顧客になりすましの責任を追及できる可能性があります。

　たとえば、「入力されたユーザーID、パスワードが登録されたものと一致する場合、会員本人が利用したとみなす」という規定がある場合です。

　このような規定を設ける場合は、店が、通常期待されるレベルのセキュリティ体制を構築していることが前提です。店のセキュリティレベルが通常求められるものよりも低いと、顧客に責任追及できない場合があるので注意しましょう。

　ただ、この規定は、ユーザーIDやパスワードの管理などについて顧客の落ち度（過失）の有無を問わず、顧客に責任追及できるとする場合には、無効になることがあります。

　なお、被害者Bがネットショップcの請求に応じなければならないケースでも、もちろん犯人であるAの責任は消滅しません。そのため、被害者Bは、犯人Aを探し出すことができれば、Aに対して、損害賠償請求を行うことが可能です。

■ なりすましに対する対策

前払いでの代金受取り	代金を前払いにすれば、店が商品の代金や配送費用を回収できなくなるリスクを軽減できる
電子署名制度の利用	電子署名を採用すれば、作成者の特定や改ざん防止が可能になるため、なりすましを予防する
規約による顧客への責任追及	会員本人が利用したとみなす規定をあらかじめ作成しておく

Question 11 なりすましの犯人がクレジットカードを悪用した場合には、契約関係はどのように処理されるのでしょうか。

原則として、加盟店契約や立替払契約に従って処理されます。

　なりすましの事案では、ネットショップCと被害者Bの間に契約が成立することはありません。したがって、CはBに対して代金の支払いを請求できないのが原則です。ただ、犯人Aがクレジットカード決済やネットバンキング決済を悪用した場合には話が少し複雑になります。CとBの関係の他に、Cと決済業者間、Bと決済業者間の契約関係も問題になるからです。

　カード決済では、Cと決済業者の間で加盟店契約が締結されており、決済業者がCに代金を支払います。なりすましの事案については、加盟店契約により、Cへの支払いが一時保留になることがあります。

　一方、被害者Bと決済業者の間で結ばれた契約関係は立替払契約などによって処理されています。立替払契約は、決済業者がネットショップに商品の代金を立替払いして、その立替払分をカード利用者に請求するという内容です。

　そして、なりすましの問題についても、上記の加盟店契約や立替払契約などによって処理されるのが原則です。不正利用された本人の責任の度合いによっても異なりますが、ネットショップが代金を受け取れない可能性もあるため、加盟店契約や立替払契約、その他の規約の内容には注意しておく必要があるでしょう。

Question 12 子供がネットショップで勝手に買い物をしてしまい契約を取り消したい、という消費者の主張に応じる必要はありますか。

 原則として、取消しに応じる必要があります。

　民法では、未成年者（2022年4月以降は18歳未満の者を指します）が法定代理人の同意を得ずに契約を行った場合には、取り消すことができます。この場合、子供が親の同意を得ないで、ネットショップで勝手に買い物をした場合には、未成年者が法定代理人の同意を得ずにした契約なので、事業者は取消しに応じる必要があります。取消しの意思表示をネットショップ側に行えば、消費者は代金の支払いをする必要はありません。商品が発送前の場合はそのままですし、すでに商品が手元にある場合には、商品を返品します。

　もっとも、契約を取り消せない場合もあります。未成年者が相手方に対して、自分が成年であるように装った場合や、法定代理人の同意があるかのように装った場合です。これを「詐術」といいます。この場合、積極的にウソを言うなどして、相手に信じ込ませるに足る程度でないと詐術を使ったとはいえませんが、インターネットでの購入の場合には、親権者の同意が必要であることを警告した上で、申込者の年齢を入力させる画面で、成年を装うような入力をした場合は詐術にあたります。

　なお、法定代理人が相手方に対して代金を支払った後は、未成年を理由とする取消しはできません。

第2章

消費者契約法

民法などの法律とは別に、消費者契約法はどのような場面で必要になるのでしょうか。

情報量で事業者より不利な消費者を保護するための法律です。

　一般的な契約について規定している代表的な法律として「民法」があります。民法では、契約自由の原則が採用されているため、原則として、誰との間でどんな内容や方式で契約しても自由です（521条・522条2項）。

　民法は契約の当事者が対等な関係であることを前提としています。しかし、事業者と消費者が結ぶ契約について見てみると、現代においては、豊富な知識や巧みな交渉術をもつ事業者と、それをもたない消費者との間に、商品知識や情報収集に対する能力に圧倒的な差ができています。そのため、民法だけでは消費者を十分に保護することができないというのが実情です。

　実際に、事業者の強引な勧誘や甘言によって知識の乏しい消費者が契約してしまい、後に大きな不利益を被るというトラブルが多発したため、たとえば、訪問販売（自宅への押売りや街頭で呼び止めて店舗に同行させる販売方法）は特定商取引法、割賦販売（代金を即時決済するのではなく、一定の期間にわたって分割払いで支払う販売方法）は割賦販売法、といった法律で個別に対処していました。しかし、特定商取引法や割賦販売法で定める取引に該当しない取引によって被害を被った消費者も多く、被害者の救済という点で不十分といえました。

このような問題を解消するために制定されたのが「消費者契約法」です。消費者契約法は、消費者と事業者との間には、情報の質や量、交渉力などの面において絶対的な格差があることを認め、双方の間で締結するさまざまな契約（消費者契約）において、消費者の権利や立場を守ることを目的としています。

● どんな場合に必要なのか

　消費者契約法による保護や救済が必要とされるのは、消費者と事業者との間に情報量や経験、交渉力などといった面で、圧倒的な格差が認められるからです。

　現代社会において経済や社会のしくみは複雑化し、事業者はこれまでの経験や知識、情報や交渉術といった強力な武器を豊富に持つようになりました。事業者は、これらの武器を駆使して消費者に契約を求めてきます。何の知識もなく、準備もできていない消費者側には、契約の内容をすべて理解し、自分の権利を守るための対抗策を講じることが非常に難しい状況です。

　そこで、消費者と事業者との間で結ぶ消費者契約に消費者契約法の適用を及ぼし、消費者を保護することで、事業者とある程度対等な立場にすることが求められるようになったのです。

■ 消費者契約法が必要とされる理由

第2章 ● 消費者契約法　35

消費者と事業者との間で締結される契約対象となるすべての契約に、消費者契約法が適用されるのでしょうか。

労働契約などの例外を除き、原則としてすべての契約が対象に含まれます。

消費者契約法は「消費者が行う契約が対象となる」ということは何となくイメージができます。消費者契約法では、「消費者」「事業者」「消費者契約」が重要なキーワードとなります。

・消費者

消費者契約法において、保護の対象となるのは「消費者」です。消費者とは、普通の個人（一般人）のことですが、事業としてまたは事業のために契約の当事者になる者は含まれません。つまり、公務員、会社員、学生、専業主婦（主夫）といった立場の個人は、その多くが消費者にあたりますが、公法人、株式会社、一般法人、公益法人などの法人は、消費者にあたりません。また、飲食店やサービス業などを営んでいる個人事業主は、事業運営のためにさまざまな契約を行っていますが、同時に一人の生活者でもあります。個人事業主を消費者契約法上の消費者から一切除外してしまうと、その生活に支障をきたすことにもなりかねません。そこで、個人事業主は、契約の状況に応じて、消費者契約法上の消費者になったり、消費者から除外されたりします。

・事業者

消費者契約法で「事業者」として扱われるのは法人です。具体的には、国・都道府県・市町村といった公法人の他、株式会社、

一般法人、公益法人、宗教法人、NPO法人などの法律に基づき設立される法人が挙げられます。また、法人としての資格（法人格）を持たないまでも、集団で何らかの継続した事業を行っている団体は「事業者」として扱われます。さらに、飲食店、販売店、家庭教師、弁護士事務所、司法書士事務所などを営む個人事業主も、契約の状況に応じて「事業者」として扱われます（消費者契約法2条2項）。

・消費者契約

　消費者と事業者との間で締結される契約は、すべて「消費者契約」となるのが原則です（消費者契約法2条3項）。ただ、当事者が消費者かどうか、事業者かどうかがあいまいな場合には、同様の内容の契約であっても、個々のケースによって、消費者契約法の適用対象となるかどうかの判断が違ってくることがあります。

　たとえば、不当な勧誘によって結ばれた消費者契約は取り消すことができますし、契約条項で消費者を不当に不利に扱っていたとしても、そのような条項は無効とされます。

　なお、消費者契約法がすべての消費者と事業者の間の契約に適用されるわけではありません。たとえば、労働契約には消費者契約法が適用されません（消費者契約法48条）。労働契約には労働者保護を目的とする労働基準法などが適用されるからです。

■ 消費者・事業者・消費者契約

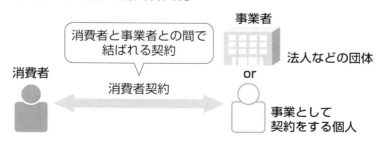

第2章　● 消費者契約法　　37

消費者と事業者が契約を締結する際に、事業者は契約内容に関して、どのような情報を提供する必要がありますか。

消費者が契約内容を検討するのに必要な情報を提供する努力が求められます。

　事業者と消費者が契約をする際には、事業者側から何らかの形で勧誘が行われることが多くあります。事業者が契約の目的となる商品・役務・権利等について情報提供や説明を行う際、中途半端な情報提供や説明しか行わない、難解な専門用語を多用する、あるかどうかもわからない利点ばかりを教えて不利益な点は教えない、といった行為をすると、消費者は、内容を正しく理解しないまま契約を締結することになりかねません。この場合、後で消費者側に何らかの損害が発生した時に、「消費者の情報収集力や経験のなさという弱みにつけこんで、事業者が一方的に利益を得ようとした」と指摘され、消費者から契約の取消を迫られることがあります。そのような状況に陥らないため、事業者としては、持っている情報や知識を適切に消費者に提供する必要があります。
　具体的には、事業者は、消費者契約の条項を定める際には、その内容が消費者にとって明確で平易なものになるように配慮する必要があります。また、消費者契約の締結について勧誘をする場合には、契約内容についての必要な情報を提供するように努めなければなりません。一方、消費者側も契約を結ぶ場合には、事業者から提供された情報を活用し、契約内容について理解するよう努めることが必要です（消費者契約法3条）。

ただ、一般的に求められているのは努力や配慮であって、これらを怠った事業者に対して、直ちに損害賠償責任が発生したり、罰則が科されたりするわけではありません。また、事業者が情報を提供しなかったからといって、消費者が当然に契約を取り消すことができるとは限りません。その意味では、この条項は消費者の保護という点で十分ではないという問題があります。

●**金融商品についての説明義務**
　預貯金、信託、保険、有価証券、デリバティブといった金融商品の販売については、「金融商品の販売等に関する法律」（金融商品販売法）によって、消費者契約法とともに事業者側を規制しています。特に金融商品販売法では、金融商品を販売する際、事業者は、契約をする前に、消費者に対して重要事項を説明することが義務付けられ、同時に「値上がり確実」といった不確実な事項について断定的判断を提供することが禁じられています。
　以上の義務に違反して重要事項を説明しなかったり、将来的な見通しが不確実であるにもかかわらず「絶対にもうかる」といった情報を提供して消費者に誤認をさせた場合（断定的判断の提供等）、事業者は、消費者が被った損害を賠償する責任が生じます（金融商品販売法5条）。

■ **契約の締結にあたって求められる事業者と消費者の努力**　……

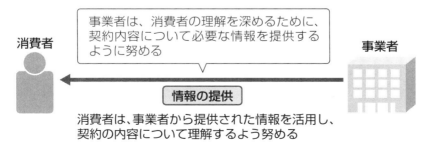

消費者契約法は、事業者がどのような行為を行った場合に、消費者契約の取消しを認めているのでしょうか。

重要事項に関し事実と異なる勧誘などをすると、契約が取り消される可能性があります。

消費者取消権とは、消費者と事業者の間で締結された契約を、消費者側から取り消すことができる権利です。

契約の申込みや承諾の意思表示の場面においても、民法が規定する詐欺または強迫が認められれば、「契約を締結する」という意思表示を取り消すことができます。しかし、詐欺または強迫が認められるケースは少ないと言われています。

一方、特定商取引法では、訪問販売や電話勧誘販売など一定の販売方法により商品・役務・特定権利（86ページ）が販売された場合に、クーリング・オフ（申込みの撤回または契約の解除）を認めています。ただし、クーリング・オフができる期間は、書面交付から原則8日以内と短く、手続が遅れると受け付けてもらえません。このように、他の法律では救済が難しい消費者であっても行使できるのが消費者取消権です（消費者契約法4条）。

● どんな場合に問題となるのか

たとえば、防災器具販売の事業者が勧誘の際に、実際にはそのような事実がないにもかかわらず、「今後はこの防災器具を設置しておかないと罰金を徴収される」と告げ（不実告知）、消費者がそれを事実だと勘違いして契約をした場合や、相場の動きが不確実であるにもかかわらず、「この商品は今後必ず国際的な価値が上

がる」と説明する（断定的判断の提供）ことがあります。

このように、事業者が消費者契約の勧誘をする際に、消費者に対して重要事項について事実と異なることを告げた結果（不実告知）、告げられた内容が事実であると誤認した場合や、将来どうなるかわからない不確実な事柄を確実であるかのように説明した結果（断定的判断の提供）、その事実を確定的なものと誤認して取引した場合などにおいて、消費者は、当該消費者契約を取り消すことができます。

■ 消費者取消権が認められるケース

内容	具体例
重要事項について事実と異なることを告げ、消費者を誤認させること	普通の仏像を「これは特別な仏像」とウソをつき、高価な価格で売りつける場合
物品、権利、役務その他の契約の目的となるものに関し、将来におけるその価額、将来において当該消費者が受けとるべき金額その他の将来における変動が不確実な事項につき断定的判断を提供して、消費者を誤認させること	「この株は必ず値上がりします」と不確定な将来の株価変動に対し断言する場合
消費者にある重要事項または当該重要事項に関連する事項について消費者の利益となることを告げ、かつ、重要事項について故意・重過失により消費者の不利益となる事実を告げなかったこと	先物取引で「大幅に利益が出ます」とだけ顧客に伝え、「商品の値下がりで大きく損をすることもある」ことをわざと言わなかった場合
事業者に対し、消費者が、その住居またはその業務を行っている場所から退去すべき意思を示したにもかかわらず、それらの場所から退去しないこと	セールスマンが「商品を買うまで帰らない」と家に居座る場合
業者が契約の締結について勧誘をしている場所から消費者が退去する意思を示したにもかかわらず、その場所から消費者を退去させないこと	店に鍵をかけ、「帰りたい」と言っている顧客が商品を購入するまで店から出さない場合
契約の目的となるものの分量等が消費者にとっての通常の分量等を著しく超えるものであることを知っていたにもかかわらず、事業者が契約を勧誘したこと	一人暮らしの高齢者に敷布団や掛け布団を何十枚も売りつける場合

※「重要事項」とは、消費者が消費者契約を締結するかどうかについての判断に通常影響を及ぼしている内容のこと。たとえば、消費者契約の目的となるものの質、用途、対価などがある。さらに、契約の目的となるものが消費者の生命、身体、財産その他の重要な利益についての損害または危険を回避するために通常必要であると判断される事情も含まれる。

消費者契約が取り消されると、消費者に商品などを渡していた場合、返還してもらうことは可能でしょうか。

原状回復義務に従い、商品などは消費者から返還してもらえます。

　消費者取消権が行使されると、取り消された消費者契約は初めから無効であったとみなされます。その結果、消費者契約の申込みまたはその承諾の意思表示も、初めからなかったものとして扱われます。このとき、当事者双方は、消費者契約の申込みや承諾の意思表示によって生じた効果について、元に戻す義務が生じます（原状回復義務）。具体的には、次のような行為が必要です。
①　消費者がすでに支払った商品代金等の金銭があれば、事業者はその商品代金等の金銭を消費者に返還する。
②　消費者がすでに受け取った商品等の物があれば、消費者はその商品等の物を事業者に返還する。
　返還する際に問題となるのが、商品等を消費者が使用・飲食していた場合です。たとえば、サプリメントの売買契約を取り消した場合、消費者は、食べた分を金銭に換算して全部の返還義務を負うのが民法の原則です。しかし、これでは消費者の責任が重くなるため、消費者取消権による原状回復義務の範囲は、消費者が取消原因を知らなければ（善意）、「消費者契約によって現に利益を受けている限度」（現存利益）としました（消費者契約法6条の2）。これにより、善意の消費者は、手元のサプリメントだけを返還すれば足ります。

いつでも利用可能と謳い、会員制リゾートの会員権を販売しましたが、実際にはかなり制限があります。契約の取消しなどに応じる必要がありますか。

クーリング・オフや消費者取消権の行使を受ける可能性があります。

　会員権の購入契約は「特定権利」として、特定商取引法の適用対象になります。特定権利には、施設の利用やサービスの提供を受ける権利のうち、国民の日常生活に関する取引で販売される権利として政令で定めるものなどが該当します。そして、会員制リゾート会員権は、保養施設やスポーツ施設を利用する権利として政令に規定されており、特定権利に該当します。他には、ゴルフ会員権やスポーツクラブ会員権なども特定権利に該当します。

　特定商取引法で規制されている取引で販売した場合（通信販売を除く）には、消費者側からクーリング・オフを主張される可能性があります。また、業者が消費者に事実と異なることや事実を誤認させることを言った場合、または言うべき事実を言わなかった場合、消費者は、消費者契約法による消費者取消権を行使できます。たとえば、予約がとりにくい状況であるのを知っていながら「好きなときに施設を利用できる」と述べて契約を結ばせた場合は、消費者契約法に違反します。これは業者が重要事項について事実と異なることを告げた不実告知にあたり、追認できる時から1年以内または契約時から5年以内であれば、消費者取消権の行使によって、契約を取り消すことができます。

事業者がどのような事柄について事実と異なる説明を行うと、契約の取消しを導く重要事項と判断されるのでしょうか。

消費者が契約を結ぶか否かを決定するのに、重大な影響を与える事実を指します。

　不利益事実の不告知による消費者取消権は、告知しなかった事実がどんな小さな不利益であっても認められるかというと、そうではありません。消費者取消権が行使できるのは、重要事項または重要事項に関連する事項について消費者の利益になることのみを説明し、反対に不利益となる重要事項を故意（わざと）もしくは重過失（落ち度が大きい）により説明しなかったため、消費者が不利益な事実が存在しないものと誤信して契約をした場合です。

　そこで、事業者が消費者に告知しなかった不利益な事実があったとしても、それが重要事項に該当しない場合や、事業者が告知しなくても消費者が通常であれば不利益な事実の存在を認知できたであろうといえる場合には、消費者取消権は生じないことになります。

● **重要事項とは**

　消費者取消権が問題となる場面で「重要事項」とされるのは、契約内容（原材料、大きさ、重量、用途など）または契約条件（価格、支払方法、提供手順など）に関する事項の中で、契約するかどうかという消費者の意思決定を左右するような契約の目的となる事項です。

　たとえば、分譲マンションを販売する際、事業者が「日あたり

と眺望がいい」という利点を強調して勧誘していたとします。このとき、「日あたりがよい分、夏場は室温が非常に高くなる」という不利益が生じることを事業者が故意もしくは重過失により消費者に伝えなかったとすると、消費者は不利益事実の不告知を理由として契約の取消ができるのでしょうか。

　上記の不利益については、通常は消費者にも予測可能なので、あらかじめ伝えていれば、契約を結ばなかったとまではいえません。したがって、上記の不利益は「重要事項」にあたらず、これを理由として消費者取消権を行使するのは難しいでしょう。

　では、「隣地にビルの建設が決定していて、数年後には一部の部屋の日あたりが悪くなる」という事実を事業者が知っていたのに、あえて消費者に言わなかった場合はどうでしょうか。

　このとき、消費者が「日あたりよりも設備や内装を重視する」ことを契約締結の際に明らかにしていた場合には、日あたりに関する情報は「重要事項」にあたらないと判断され、消費者取消権が認められない可能性があります。しかし、消費者が「日あたりのよさや眺望のよさに惚れこんだ」ことを契約締結の際に明らかにしていたため、もし隣地にビルが建ってその利点がなくなるならば契約をしなかったと認められる場合には、日あたりに関する情報は「契約を締結するか否かについての判断に影響を及ぼすべきもの」、つまり重要事項にあたると判断できそうです。

　ただ、消費者取消権が認められるためには、さらに不告知について事業者の故意もしくは重過失が必要です。上記のビル建設に関する事例では、事業者が、①消費者の「日あたり・眺望重視」という希望を知っていた、②隣地にビルが建つという事実を消費者が知らないことを認識していた、という場合には、事業者に故意があったと判断され、消費者取消権の行使が認められるといえます。

消費者が事業者の情報提供を拒んだ場合、その内容が消費者に不利益であれば、消費者取消権の対象に含まれますか。

 原則として消費者取消権の対象に含みません。

　不利益事実の不告知の状況にあっても、消費者取消権が認められない場合があります。それは、事業者が重要事項にあたる不利益な事実を告げようとしたにもかかわらず、消費者がその告知を拒否した場合です（消費者契約法4条2項ただし書）。ただし、注意が必要なのは、消費者が告知を拒否した事実については、事業者が証明しなければなりません。

　たとえば、自己所有のアパートを賃貸する不動産業者が「契約の際に重要事項を説明したいので、時間をとってほしい」と申し入れたが、消費者が「多忙なので省略してくれてよい」「聞いてもわからないので説明はいらない」などと言って断った場合が告知の拒否にあたります。ただし、消費者が事業者からの説明を形式的に断った場合のすべてが、告知の拒否にあたるわけではありません。たとえば、その時点での説明を拒否したとしても、「後に時間を設ける」などの意思表示をしていた場合には、事業者による告知を拒否したことにはなりません。

　また、事業者の方から、「専門的な用語が多いので、説明を断る人も多いですよ」などと消費者が説明を断るように誘導して契約させた場合は、消費者が告知を拒否したとはいえないので、不利益事実の不告知の状況にある限り、消費者取消権が認められます。

事業者が契約締結のために、いつまでも退去しなかったり、消費者の退去を認めなかった場合、契約に影響はありますか。

消費者契約権の行使によって、消費者契約が取り消される可能性があります。

　消費者問題では、「帰ろうとしたのにセールスマンが帰してくれないので仕方なく契約した」「いつまでもセールスマンが帰ってくれないので仕方なく契約した」といったトラブルが生じます。
　消費者の住居や職場に、契約締結の勧誘のために訪れた事業者が、消費者の意に反して帰らない（退去しない）ことを不退去といいます。消費者をどなりつけて、脅迫的な言動で商品を売りつける押し売りはもちろんですが、言葉づかいや態度は丁寧でも、事業者が居座るのであれば、それは不退去に該当します。
　一方、事業者が契約締結の勧誘を行っている場所から、消費者が帰りたいとの意思表示をしているにもかかわらず、さまざまな理由をつける、扉をふさぐ、大勢で取り囲むなどして帰さないことを退去妨害といいます。いわゆるキャッチ商法で雑居ビルなどに誘い込み、長時間勧誘を続けることなどがあてはまります。事業者が勧誘を行う場所は、営業所などの室内だけとは限りません。路上や車の中など、どのような場所でも該当します。なお、消費者の拘束時間は不退去の成否に関係ありません。勧誘の場において不退去や退去妨害などの行為があった場合は、時間の長短に関係なく消費者取消権は発生するということになります。
　不退去や退去妨害などのような強引な勧誘を受けると、消費者

はその場を離れたい一心で、契約の内容をよく理解しないまま契約を締結する（申込みまたは承諾の意思表示をする）ことがあります。このような消費者心理につけこんだ商法が次々と考え出され、解約をめぐるトラブルが多発しました。そのため、不退去や退去妨害により消費者が困惑した結果として、消費者契約が結ばれた場合には、その契約を取り消すことを認めたのです。

●困惑とはどのようなことなのか

　消費者取消権の行使が認められるためには、事業者の不退去や退去妨害によって消費者が「困惑」した事実が必要です。困惑とは、消費者が消費者契約について正常な判断を下せないような精神状態に陥っていることを指します。

　たとえば、出かける時間が迫っているにもかかわらず、自宅の玄関先で「一つだけでも買ってもらわなければ会社に帰れない」などと言って居座られたとき、「必要のない商品だが、とにかく出かけなければいけないし、仕方ないから一つだけでも買おう」と考える人もいるでしょう。このように、本来は必要のない商品であるにもかかわらず、事業者の不退去という行為によって困惑させられ、「購入する」という判断をしたという因果関係が認められれば、消費者取消権が発生します。

■ **事業者の不退去と消費者取消権**

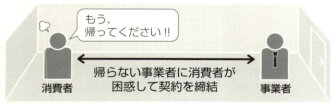

事業者の不退去や退去妨害によって消費者が困惑したために結んでしまった消費者契約は、取り消すことができる

Question 10 取り消される消費者契約に第三者が関与している場合、その契約にどのような影響が生じるのでしょうか。

第三者との間でも、原則としてその契約は無効になります。

　何らかの契約について、消費者契約法違反の問題が起こり取り消したとしましょう。このとき、契約の目的物に関係しているのが契約の当事者だけであれば、目的物を元の状態に戻すことは比較的簡単にでき、仮に元の状態に戻せなくても、その争いによって他人に直接被害を与えることはあまりありません。

　しかし、取消の意思表示がなされる前に、その目的物がまったく関係のない第三者の手元に渡っていた場合、目的物を元の状態に戻そうとすると、その第三者に何らかの被害が生じることになります。たとえば、①Aが所有する絵画を、画商Bに売却するという売買契約を締結し、絵画は画商Bに、対価はAに渡った、②後日、Bが詐欺・強迫・不実告知などの行為を行っていたことが判明し、Aが契約取消を行った、③Aは絵画の返却を求めたが、画商BはAから取消の意思表示を受ける前に、顧客のCに当該絵画を転売していた、というケースが挙げられます。

　消費者取消権の行使についても同様です。取り消した消費者本人は消費者トラブルの被害者です。しかし、そのような事情を知らず、かつ知らないことにつき過失がなく取引に関わってきた第三者は、消費者契約が取り消されると被害を受けることがあるので、消費者はこのような第三者に対抗できないとしています。

第2章 ● 消費者契約法　49

●取り消すとどうなるのか

　商品購入やサービス提供に関する契約は、取り消されることによって初めから無効であった（なかった）とみなされます（民法121条）。この場合、契約によって発生した状態を元に戻す必要があります（原状回復義務）。具体的には、消費者は手元にある受け取った商品などを事業者に返還し、事業者は受け取った代金を消費者に返還しなければなりません。さらに、消費者がすでに商品を消費済みの場合などは、その消費した部分に相当する価値を金銭に換算して、事業者に支払うことが必要です。ただし、消費者取消権を行使したときは、現存利益の返還で足りる（42ページ）ことから、消費した部分の返還は不要です。

　前述の例でいうと、絵画の売買契約を取り消したので、絵画を元の持ち主Aに、その対価を画商Bに戻すことで、売買契約がなかったときの状態に戻すことができます。ただ、Aさんから取消の意思表示があるまでは、売買契約は一応効力があるものと扱われます。つまり、絵画の所有権は「いつ取り消されるかわからない」という不安定な状態にありながらも、画商Bにあるものとして扱われることになります。

■ 取消と第三者

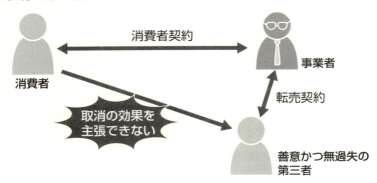

店舗で販売員が巧みに勧誘により、高齢者に対して着物を大量に購入させました。この契約の効力が覆される場合がありますか。

消費者契約法に基づく取消権（消費者取消権）が行使される可能性があります。

　消費者にとって過量な商品などの購入する契約やその勧誘について、特定商取引法が過量販売に関する規定を設けています。消費者は、過量販売に該当する契約を解除することが可能です。ただし、特定商取引法では販売形態が訪問販売か電話勧誘販売に限定されています。

　そこで、販売形態を問わず、消費者が過量な商品などを購入する契約を結んだ場合について、消費者契約法に基づく取消権（消費者取消権）に関する規定を置いています。具体的には、事業者から勧誘を受けた認知症の高齢者など、判断能力の低下につけ込む形で過量な商品などを締結させる契約から消費者を解放するための規定になっています。特定商取引法では、消費者が契約の解除が可能であるのに対し、消費者契約法では、消費者に契約の取消権を認めるという違いがある点にも注意が必要です。

　本ケースで、店舗での販売勧誘により、過量な着物を購入させられた高齢者は、消費者取消権を行使するため、本ケースの着物が通常必要な分量を著しく超えた売買契約であることを認識した上で、事業者が勧誘を行っており、その勧誘に基づき高齢者が契約締結の意思表示をした点を主張することになります。

第2章 ● 消費者契約法　51

　詐欺や強迫に基づいて行った意思表示は、民法の規定により取消すことができます。しかし、契約の当事者間だけであれば、契約の取消が問題になるだけですが、この取引に第三者が入っている場合には、その第三者の保護も問題になります。たとえば、商品の売買契約において、売主Ａが買主Ｂにだまされて商品を売却した後、買主Ｂがその商品を第三者Ｃに売却した場合が挙げられます。Ａが詐欺を理由にＢとの契約を取り消した場合、ＡＢ間の売買契約は初めから効力が否定されますので、原則として、第三者Ｃは無権利者Ｂから商品を購入したことになります。

　しかし、取引に加わった第三者に不当な不利益を被らせないため、民法は、詐欺による意思表示の取消は、善意かつ無過失の第三者に対抗できないと定めています（民法96条3項）。

　ここで「善意」とは、一般用語では「よい心」という意味ですが、法律用語では「事情を知らない」という意味です。逆に、「事情を知っている」ことを法律用語では「悪意」といいます。また、「無過失」とは、「通常の注意では知ることができなかった」という意味です。逆に、「通常の注意で知ることができたのに知らなかった」ことを「有過失（過失）」といいます。

　一方、強迫の場合、詐欺のような第三者を保護する規定が条文

上ありませんので、取消しの効力を第三者にも及ぼすことができると考えられています。詐欺の場合には、だまされたとはいえ、一応、自らの意思に基づき意思表示を行っているといえます。ただ、強迫の場合には、自らの意思に基づいて意思表示をしているとは言い難いことから、意思表示を行った人にまったく落ち度がないといえるためです。前述の例でいうと、売主Aが買主Bの詐欺を理由に売買契約を取り消した場合は、善意かつ無過失の第三者Cから商品を返還してもらうことができません。しかし、買主Bの強迫を理由に売買契約を取り消した場合は、第三者Cが善意かつ無過失でも商品を返還してもらうことができます。

　このように、詐欺を理由として契約の取消を行う場合において、民法が契約の当事者よりも取引関係に入ってきた第三者の利益を保護する余地を認めているのは、「いつ、自分の知らないところで行われた契約が誰かに取り消されて、自分の権利や利益を取り上げられることになるかわからない」という不安を抱かずに取引ができるようにするためです。

■ 錯誤・詐欺・強迫の違い

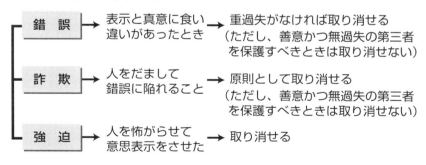

Question 13 契約について仲介者や代理人などの第三者を介在させた場合、消費者契約法上の取消権はどのような扱いになりますか。

 消費者は仲介者や代理人に対して消費者取消権を行使できます。

　契約によっては当事者以外の第三者が契約に関わる行為をし、当事者同士はまったく面識がないという場合もあります。

　たとえば不動産売買の際に、契約をするのは土地や建物の所有者と購入者ですが、所有者が売買の事務手続一切を不動産会社に委託していて、購入者は所有者と会わないまま契約を締結したといった場合や、下宿先の賃貸マンションの契約をする際に、借主が未成年であるため、その親が代わりに（代理人として）不動産会社を訪れて契約をし、当事者である貸主と借主はお互いにその場にいなかった場合が考えられます。このように、代理人や仲介者が介在した場合にも当事者である消費者本人の保護がなされないと、消費者保護は骨抜きにされてしまいます。

● 契約の際には委託や代理が行われる

　消費者に商品やサービスなどを販売する際、事業者（委託者）が別の事業者（受託者）に媒介（両方の間に入って仲立ちすること）を委託することがよくあります。受託者は、広告や勧誘などの営業活動、商品やサービスなどの説明、消費者との契約締結事務などを行います。代理との違いは、あくまで相手方と契約の締結をする主体は、受託者ではなく委託者であるという点です。

　たとえば、分譲マンションの売主が、モデルルーム運営や契約

時の重要事項説明といった販売に関する事務全般を、宅地建物取引を専門とする不動産会社に委託する場合、損害保険会社が保険商品の販売に関する事務を代理店に委託する場合、携帯電話会社が電話機販売や通信契約に関する事務を家電量販店等に委託する場合があてはまります。

一方、代理とは、本人に代わって第三者（代理人）が契約の締結を行うことです。代理人が本人のためにすることを示してした意思表示は、本人に直接その効力を生じます（民法99条1項）。たとえば代理人が本人に代わって不動産を購入する契約を締結した場合、その不動産の所有権は本人が持つことになるわけです。

● **消費者契約法の規定はどうなっているのか**

実際の取引では、消費者の契約の締結やその勧誘を行うのが事業者本人ではなく、その受託者（仲介者）や代理人であることが多いので、このような場合も消費者取消権を行使できるようにしています（消費者契約法5条で4条を準用）。つまり、事業者から媒介の委託を受けた者が、契約の勧誘をする際に、重要事項についてウソの内容を伝えたり、重要事項を故意に伝えなかったりした結果、消費者の代理人が困惑して本人のために契約を締結した場合にも、消費者は消費者取消権を行使できます。

■ **受託者・代理人がいる場合の契約と消費者取消権**

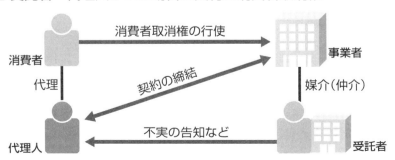

消費者取消権は、行使できる期間に制限がありますか。また、消費者が消費者取消権を行使しない場合もあるのでしょうか。

消費者取消権は、原則として追認できる時から1年以内に行使しなければなりません。

　何らかの原因で契約の取消権が生じた場合、取消権者が「その契約を取り消す」という意思表示をすることで、契約の取消権を行使することができます。ただし、取消権の行使は、無期限にいつでも行えるわけではありません。権利を行使できる期間（行使期間）については消滅時効という制度があり、取消権に関する原則のルールを定めている民法では、①追認ができる時から5年間行使しないとき、②行為（契約）をした時から20年を経過したとき、のうちどちらか一方にあてはまると取消権が消滅すると定めています（民法126条）。つまり、取消権は行使期間が定められていて、その期間を過ぎると取り消すことができなくなります。

　また、一定の不当な勧誘行為が行われた場合に消費者が行使できる消費者取消権についても行使期間に制限があります。

　具体的には、消費者取消権は追認ができる時から1年間行わないときに消滅します。また、取消ができる消費者契約締結の時から5年を経過したときも消滅します。

　事業者としては、契約締結時から少し時間が経過した後になって、消費者が消費者取消権を行使する場合にも備えなければなりません。消費者取消権にかかわらず、消費者との契約内容に関する書類などの記録を保存しておくことが大切ですが、消費者取消

権への備えという観点からも、適切な記録の管理が求められます。
　なお、民法の規定に比べると、消費者取消権の行使期間はかなり短く設定されています。しかし、消費者取消権が行使期間を経過して時効消滅しても、民法が規定する詐欺・強迫・錯誤による取消であれば、民法が規定する行使期間を経過していない限り、依然として行使することが可能です。

●**消費者は契約を取り消さなくともよい**
　消費者は契約を取り消さず、追認することもできます。追認とは、取消権者が、自分に取消権があることを知りながら、あえてその権利を行使しない意思表示することです。ただ、追認には契約を確実に成立させる効果がありますから、有効な追認を行うには「追認ができる時」であることが求められます。つまり、消費者が取消の原因となるような状況から解放され、正常な判断を下せるようになっていなければなりません。
　たとえば、誤認の場合であれば誤認に気づいたとき、困惑の場合であれば事業者が消費者の自宅から退去し、または消費者が勧誘の場から退去して困惑から脱したときが「追認ができる時」にあてはまります。そして、上記のとおり「追認ができる時」が、取消権の行使期間の起算点となっているのです。

■ **消費者取消権の行使期間**

民　法	消費者契約法
消滅時効の期間は、 ● 追認できる時から5年 ● 行為（契約）の時から20年	消滅時効の期間は、 ● 追認できる時から1年 ● 消費者契約締結の時から5年

Question 15 インターネットを活用した学習教材を販売するにあたり、使用上の制限などについて説明しませんでした。法的に問題はありますか。

消費者契約法や特定商取引法に基づき、契約が取り消される可能性があります。

　学習教材などの販売に関する取引も、他の商品やサービスと同様に、消費者契約の一種に含まれます。そのため、消費者契約法や特定商取引法が適用されます。そのため、販売事業者が不当な方法により契約の締結を勧誘した場合などには、教材を購入した消費者を保護する必要があります。

　本ケースのように、インターネットを活用した学習教材については、たとえば、インターネットに接続する環境が必要であることや、途中で契約を解約した場合には購入した教材を使用できなくなるなど、一定の使用上の制限があります。したがって、学習教材の販売業者は、契約締結に先立って、使用上の制限について十分に説明を行う必要があります。

　本ケースの学習教材の販売が、訪問販売や電話勧誘販売により行われた場合には、消費者が特定商取引法に基づく消費者取消権を行使する可能性があります。つまり、使用上の制限について説明を怠っていた場合、事実の不告知として契約の取消の対象になるおそれがあります。また、それ以外の販売方法をとっている場合も、消費者契約法が適用されます。この場合、不利益な重要事項を故意または重過失により告げなかったとして、契約が取り消される（消費者取消権）おそれがあります。

Question 16 株式会社の株式販売について、詐欺に基づき取り消されることがあるのでしょうか。

株式の購入については原則として消費者取消権の行使を受けません。

　前提として、会社法などの規定に基づき、詐欺あるいは強迫を理由として、株式の引受けについて契約の取消しが認められない場合があります。

　たとえば、会社法211条1項では、募集株式の引受の申込みなどの意思表示について、単なる冗談であったことなどを理由に意思表示の無効を主張できないと規定しています。会社法211条2項では、詐欺・強迫・錯誤により株式を引き受けた場合、その株式について権利を行使すると、株式の引受けの取消ができなくなると規定しています。

　株式の引受けの効力が否定されてしまうと、募集株式の発行などの効力も後から否定されることになり、意思表示の当事者だけでなく、多数の株主や取引関係者などの利益に影響を与えるおそれがあります。そこで、法律関係の安定を図る目的から、株式の引受けの無効・取消を制限しています。

　さらに、消費者契約法7条2項は、株式の引受けに関する意思表示については、消費者契約として行われた場合であっても、消費者取消権を行使することができないと規定しています。したがって、株式の販売に関して、消費者の意思表示が詐欺に基づく場合でも、消費者取消権の行使を受けることはありません。

Question 17 仮想通貨の交換事業者が、消費者に「すぐに価値が値上がりする」といって、現金と仮装通貨を交換させることは、法的に問題がありますか。

消費者が消費者取消権を行使するおそれがあります。

仮想通貨は国が発行した通貨とは異なり、インターネット上でのみ存在する点が特徴的で、通貨の実際の移動が不要であるため、決済手段として便利だというメリットがあります。しかし、その一方で、価値を把握することが困難であるため、仮想通貨の利用者が損害を被るケースも少なくありません。

本ケースのように、仮想通貨の交換事業者が顧客に現金との交換を持ちかけた場合、それに基づいて締結した契約は消費者契約に該当します。そして、本ケースのように、「すぐに価値が値上がりする」と述べて仮想通貨と現金を交換させたが、実際には価値が値下がりした場合、消費者に損害を与えることになります。

このとき、消費者は、消費者契約法に基づき、本ケースにおける契約を取り消すことができると考えられます。たとえば、将来における不確実な重要事項に関し、事業者が断定的な事実を示したために締結した消費者契約につき、消費者からの契約の取消しを認めています（消費者取消権）。本ケースでは、インターネット上の仮想通貨について、流動性が不透明であるにもかかわらず、「すぐに価値が上がる」という断定的な重要事実を示した上で、仮想通貨と現金との交換を行っていますので、この交換に関する契約は取消しの対象に含まれます。

Question 18 事業者は、契約の内容の中に債務不履行責任をまったく負わないという特約を設けることは許されるのでしょうか。

事業者の債務不履行に基づく損害賠償責任を全部免責する条項は無効になります。

契約において、①履行時期にきている債務が履行されない（履行遅滞）、②何らかの問題により、債務の履行が不可能になった場合（履行不能）、③履行は一応されたが、一部が不完全である場合（不完全履行）という事態が生じることもあります。このような場合、消費者は事業者に対して債務不履行（契約で定めた約束事を守らないこと）を理由に損害賠償請求ができます。

しかし、事業者としては、後から問題が発覚した際、責任を負うことを避けるため、契約書の中に「事業者の損害賠償責任を免除する条項」を置くことがあります。たとえば「事業者が債務不履行に基づく損害賠償責任の全部を負わない」「事業者に故意・重過失があっても、債務不履行に基づく損害賠償責任の一部を負わない」「引き渡した目的物に不適合が見つかっても、事業者は責任を負わない」などの条項が挙げられます。

これらの規定は、一見しただけでも、事業者側にのみ有利であることは明らかであるため、消費者と事業者との消費者契約が締結される際、上記のような条項を置いたとしても、そのような条項は無効になります。その結果、事業者は、特約の条項にかかわらず、民法やその他の法律に基づいて債務不履行責任を負うことになります。

Question 19 事業者が契約の中で、債務不履行責任の一部を免責する特約を置くことは許されるのでしょうか。

故意または重過失による場合まで免責する特約は、一部免責条項でも無効になります。

「目的物が事業者の責任ですべて使用不能になった場合のみ責任を負う」など、全部ではなく事業者の責任の一部だけを免除する条項（一部免責条項）を消費者と事業者の間で定めた場合、そのような条項は有効なのでしょうか。債務不履行の一部免責条項については、債務不履行の全責任を免除する場合（全部免責条項）とは異なり、その存在自体は否定されていません。ただ、事業者およびその代表者またはその使用する者に故意（どのような結果を招くのかを理解していること）または重過失（不注意の程度が著しいこと）がある場合にまで、事業者の債務不履行責任の一部免除を認めている場合には、その条項を無効とします。

一部免責条項が無効になるという点は、全部免責条項と同じですが、全部免責条項が無条件で無効になるのに対し、一部免責条項は債務不履行の原因が当該事業者の代表者またはその使用する者の故意または重過失によるものだけに限定されている、という点に違いがあります。また、全部免責条項と違い、一部免責条項は、事業者が責任の一端を負うことを認めるものなので、一部免責条項が有効であっても、消費者は免除された部分以外の賠償を受けることはできます。

Question 20 事業者は、契約の中で不法行為に基づく責任の免責特約を設けることが許されるのでしょうか。

不法行為に基づく全部の責任を免除する免責特約は無効になります。

　消費者契約法は、債務の履行の際に、事業者の不法行為により消費者に生じた損害について、その賠償責任の全部を免除する条項を置いたとしても、無条件で無効になると規定しています。つまり、たとえ契約書の中に「いかなる事由においても当社は一切損害賠償責任を負いません」「従業員の行為による損害について、当社は一切責任を負いません」などの特約があっても、その特約は無効であって、事業者は、自らの不法行為について損害賠償責任を免れることができません。不法行為責任は、不法行為を行った者自身に対して責任追及する場合の他に、その者の使用者に対して責任追及する使用者責任があります（民法715条）。上記のとおり、不法行為責任の全部を免除する条項は無効となるので、使用者責任の全部を免除する条項も同様に無効となります。

　また、不法行為による損害賠償責任の一部を免除する条項については、事業者およびその代表者またはその使用する者に故意または重過失がある場合にまで、不法行為責任の一部免除を認める条項が無効になります。つまり、責任の全部を免除する条項の場合と違い、故意および重過失がない不法行為によって生じた損害の一部を免除するとの条項は有効です。

第2章 ● 消費者契約法　63

介護福祉施設の事業者が利用者と結ぶ契約について、消費者契約法に違反すると判断されるのはどのような内容の契約でしょうか。

利用者にとって一方的に不利な内容の契約条項は無効と判断される可能性があります。

　介護福祉施設の事業者が、利用者との間で結ぶ契約において、以下のように利用者が一方的に不利となる内容の契約条項は、消費者契約法により、無効と判断されるおそれがあります。

① **施設内で発生した事故に関する免責条項**

　介護福祉施設内において利用者がケガを負う場合があります。そこで、事業者が、介護福祉施設内で生じた事故などにより利用者がケガをした場合でも、一切の責任を負わないという条項を設けることがあります。しかし、消費者契約法では、このように事業者の責任をすべて免除する条項（全部免責条項）、あるいは事業者の側に故意または重過失がある場合に責任の一部を免除する条項（一部免責条項）は無効であるとしています。

② **退去時において利用者が負担する清算金などに関する条項**

　利用者が介護福祉施設を退去する場合に備えて、あらかじめ契約条項の中で清算に関する条項を設けるときも注意が必要です。たとえば、1か月の途中で退去する場合、その月の半分について利用者は介護福祉施設を利用していません。この場合に、その月の利用料を一切返還しないという内容の契約条項は、利用者の利益を一方的に害する内容の違約金を定めた条項として、無効と判断される可能性が高いといえます。

事業者が契約の中で、契約の対象物に欠陥があった場合の契約不適合責任の免責特約を置くことは許されるのでしょうか。

原則として債務不履行責任と同様に、責任の全部を免責する特約は認められません。

　消費者契約法は、消費者契約において瑕疵担保責任を回避する条項を定める場合について、消費者契約が有償契約であるときに、隠れた瑕疵（欠陥）により消費者に生じた事業者の損害賠償責任の全部を免除する条項を無効としていました。有償契約とは、「物と金銭」「役務と金銭」というように当事者双方が互いに対価的な給付をする契約のことです。

　ただし、事業者または他の事業者が「瑕疵のない物をもってこれに代える責任又は当該瑕疵を修補する責任を負う」場合には、全部免除条項が例外的に有効となるとしていました。

　一方、事業者の瑕疵担保責任の一部を免除する条項は、その効力が問題なく認められていました。つまり、免責された部分については、消費者は事業者に対して瑕疵担保責任に基づく損害賠償責任を追及できないとされていました。

●契約不適合責任の免責特約

　2017年成立の民法改正では、上記の瑕疵担保責任を廃止するとともに、代わりに「契約不適合責任」を導入しました。契約不適合責任は債務不履行責任の一種に位置付けられているため、免責特約の有効性についても、原則として「債務不履行責任の免責特約」（61ページ）と同様に考えます。つまり、全部免除条項およ

び故意または重過失がある場合の一部免除条項は無効になります。
　ただし、契約不適合責任の全部または一部を免除するとしているものの、損害賠償以外の方法で一定の責任を負うという規定が置かれる場合があります。このような補償規定があれば、契約不適合責任の免除を認めても消費者に不利益になりません。
　そこで、目的物の種類・品質に契約不適合がある場合の損害賠償責任の全部または一部を免除する条項を定めても、そのような契約不適合責任の免責条項が無効とならないケースを認めています（消費者契約法8条2項）。つまり、消費者契約が有償契約であって、①事業者が、消費者に対して、履行追完責任（欠陥のない目的物と交換する、欠陥を修理・補修するなど）あるいは代金（報酬）減額責任を負うとする場合、または②他の事業者（受託者など）が、消費者に対して、損害賠償責任もしくは履行追完責任を負うとする場合には、免責条項が無効となりません。

■ **契約不適合責任の免除条項が有効とされる場合**

> 第○条　購入した商品の種類又は品質に契約不適合がある場合、当社は返金などの賠償責任は一切負わない。ただし、目的物が1か月以内に事業者の責めに帰するべき事由で故障した場合、同種・同等の新品と交換する。

> 第○条　購入した商品の種類又は品質に契約不適合がある場合、当社は返金などの賠償責任は一切負わない。ただし、当該契約不適合に対する損害賠償等の責任は、○○社が負うものとする。

このような定めがあれば、契約不適合責任の
免除条項は有効となる

事業者が契約の中で、消費者に違約金の支払いを求める特約を置くことはできますか。金額の上限などはありますか。

上限額はありますが、違約金などの支払いを求める特約を設けることはできます。

　消費者契約において、場合によっては消費者ではなく、事業者側が損害を被ることもあり得ます。たとえば、あるホテルで「同窓会を開催したい」との依頼を受け、部屋を手配し、料理や給仕人などの準備をしていたにもかかわらず、寸前になってキャンセルの連絡が入ったという場合があります。この事例ではホテル側はキャンセルにより会場利用料の収入を得られないだけでなく、予約期間中、別の予約の申出があっても受けられず、すでに購入していた食材がムダになるなどの形で損害を受けています。

　このように、将来債務不履行で損害が生じた場合に備え、契約の時点で「キャンセル料」「違約金」などの名目で、損害賠償金の額（予定賠償額）をあらかじめ決めておくことがあります。このような特約を賠償額の予定といいます。

●違約金の金額は制限されている

　予定賠償額は当事者間の約束で定めることができます。そして、定められた予定賠償額が一方にとって不利な金額であっても、当事者同士が合意して定めたものであるため、基本的には裁判所が予定賠償額を増減させることはできません。しかし、このような原則を貫いてしまうと、法律や契約に詳しくない消費者が過大な損害賠償額を負担しなければならない事態が生じかねません。

そこで、消費者契約法9条1項では、消費者の一定の利益を保護することを目的として、消費者契約の解除に伴う損害賠償額や違約金を定めたとしても、それらの合計額が事業者に生ずべき平均的な損害の額を超える場合には、その超える部分を無効としています。つまり、消費者契約の解除に伴う損害賠償の額または違約金の額が、取引の実情などから見て妥当性のある範囲であればその条項は有効となりますが、その範囲を超える部分は無効と扱われます。たとえば、ホテルのキャンセル（解除）において、「1か月前のキャンセルは利用料の5％、2週間前は20％、前日は50％」などのように、キャンセルの時期によってキャンセル料を設定している場合、設定されているキャンセル料が他の同業者の規定している平均的な内容であれば、その条項はそのまま有効とされます。しかし、「キャンセルの場合、その時期を問わず利用料の80％のキャンセル料を申し受けます」などのように、平均的な内容を超える場合には、その超える部分が無効になります。

●遅延賠償の上限額が定められている

消費者の金銭支払債務の履行が遅れた場合の損害賠償額や違約金をあらかじめ定める場合、年14.6％の利率を超える金額を設定することは認められません（消費者契約法9条2項）。ここで予定される損害賠償は遅延賠償などと呼ばれます。

■ 賠償額の予定

Question 24 契約中に、消費者の権利や利益を一方的に害する特約を設けた場合、消費者が同意していれば許されますか。

消費者が同意していても、一方的に権利や利益を害する特約は無効になります。

不適切な契約条項によって消費者に不利益が生じる可能性があるのは、損害賠償に関連することだけではありません。たとえば、単品の商品を購入する契約であるのに、「消費者側が契約締結後に特別な手続をしなければ、自動的に定期購入契約に切り替わる」という内容の条項は、消費者の利益を一方的に害するものといえます。つまり、消費者側の不作為（特別な行為を行わないこと）を、新たな契約（定期購入）の申込みまたは承諾とみなし、単品購入が目的である消費者に大きな負担を負わせています。

この他にも、消費者の利益を害する契約や約款の定めにはさまざまなものがありますが、任意規定（当事者の合意が優先する規定）と比べて、消費者の権利を制限し、または消費者の義務を加重する消費者契約の条項で、信義誠実の原則（民法1条2項）に反して消費者の利益を一方的に害するものは、無効になると規定されています（消費者契約法10条）。前述した消費者の不作為を新たな契約の申込みとみなす条項も、同条により無効になります。

たとえば、消費者の契約解除権を剥奪したり、契約解除の条件を設定する条項は、無効とされる可能性が高くなります。具体的には、「消費者からの契約解除は、いかなる理由があっても認めない」「消費者が事業者の責めに帰する事由（帰責事由）を主張

して契約解除を申し出る場合には、その事由を自ら証明することを要する」などといった条項がこれにあたります。

　これらの条項は、消費者が本来持っている履行遅滞（契約の履行が遅れたこと）または履行不能（契約の全部または一部が履行できなくなったこと）に基づく契約解除権（民法541条、民法542条1項1号・2号）を侵害したり、本来事業者が負担すべき帰責事由の証明責任を消費者に転嫁するため、消費者保護の観点から無効とされるのです。消費者庁のホームページ（http://www.caa.go.jp/planning/index.html）でも、消費者契約法の詳細な解説が掲載されていますので、参考にするとよいでしょう。

●判例で消費者契約法10条が問題となったケース

　アパートやマンションの賃貸借契約では、あらかじめ契約書に「更新の際に更新料を支払う」といった規定が置かれていることがあります。この更新料条項が消費者の利益を一方的に害するものとして、消費者契約法10条に違反するのではないかが近年訴訟で争われてきました。地方裁判所では無効とする判断が下されたこともあったのですが、最高裁判所は「更新料の金額が高額過ぎるなどの事情がない限り消費者契約法10条違反にはならない」という判断をしています。

■ 無効とされる規定の例

> 第○条　本契約の履行について民法で定める債務不履行責任が問題となった場合、甲が一切の立証の負担を負うものとする。

帰責事由がないことは債務者の立場にある者が証明しなければならないのに、一方的に甲（消費者のこと）の立証を加重しているので無効

広告の「商品代金が1か月500円」という記載が、実際は定期購入した場合の1か月目の割引価格です。この広告は問題がありますか。

景表法や消費者契約法の規定に注意しなければなりません。

　商品の定期購入に伴って、初回の費用が割引になるという場合、まず景表法の有利誤認表示に該当するおそれがあります。景表法は、有利誤認表示を禁止しています。有利誤認表示とは、商品やサービスの価格や取引条件に関して、同種の商品などと比べて、消費者に著しく有利であると誤解させるような表示です。

　本ケースの広告の記載は、一見すると、本来はより高額な商品代金が「1か月あたり500円」で定期購入できると、消費者が誤解するような広告になっています。しかし、実際には、消費者がこの商品を定期購入する契約を締結することによって、1か月目の商品代金だけが「500円」となって、2か月目以降はさらに高額になるという契約であるため、有利な取引条件であると消費者に誤解を与えるような広告だといえます。

　さらに、本ケースで実際の取引条件を知った消費者が解約を望む場合に、事業者が違約金を請求するのは、消費者契約法の規定に反することがあります。消費者契約法では、違約金として高額なキャンセル料を定めた契約条項は無効と規定しています（68ページ）。たとえば、本ケースで解約に伴い、定期購入の残りの商品代金相当額を請求することは、高額なキャンセル料として許されないと考えられます。

第2章 ● 消費者契約法　71

株式などに関する情報をメール配信で無料提供する契約条項に、期間満了後に有料で自動更新すると記載するのは問題ありますか。

「消費者の利益を一方的に害する条項」として、無効になる可能性があります。

　株式などに関する情報を投資家に提供して、投資に関するアドバイスなどを行う業種を投資顧問業といいます。本ケースでは、投資家への情報提供について、メール配信サービスの形をとっており、一定の契約期間満了後も、契約が自動更新されるシステムを採用しています。特に無料から有料への自動更新について、契約書などの条項に記載されていたとしても、このような条項は消費者契約法に基づく「消費者の利益を一方的に害する条項」として、無効になる可能性があります。

　消費者の利益を一方的に害する条項とは、特に消費者の権利を制限する規定を設けている契約条項、あるいは、消費者の義務を加重する契約条項のことです。

　本ケースでは、投資判断に関する無料のメール配信サービスについて、契約期間満了に伴い、有料で自動更新されるという内容の契約条項になっており、投資家が本契約を解除する機会を制限していると判断される可能性があります。また、自動更新を望まない投資家が、契約期間満了前に（1か月前など）更新を望まないことを事業者に申し出なければならず、申し出方法を事業者が指定している場合には、消費者に義務を加重する契約条項としても、本ケースの契約条項は無効になる可能性があります。

消費者契約法が規定していない事項について、民法・商法などの他の法律が適用される場合があるのでしょうか。

消費者契約法に規定がない事項や別段の定めがある事項は他の法律が適用されます。

　消費者契約法は、民法・商法をはじめとする既存の法律だけでは保護しきれなかった消費者の権利を保護することを目的として制定された法律です。そのため、消費者契約法に特段の規定がない場合には、民法や商法の規定によって判断されるということを規定しています（消費者契約法11条1項）。

　さらに、消費者契約法は、民法・商法だけでなく、これ以外の法律とも適用が重なる場合があります。

　たとえば宅地建物取引業法には、「宅地取引建物業者が自ら売主となる宅地又は建物の売買契約については、宅地取引建物業者は、宅地建物取引業者でない買主の債務不履行を理由とする契約の解除に伴う損害賠償額の予定等は代金の20％を上限とし、20％を超える部分は無効とする」という内容の規定があります。一方、消費者契約法9条1項1号によれば、平均的な損害額までは損害賠償額の予定をすることが認められており、相反する規定ということになります。このような場合、消費者契約法は消費者契約の申込みや承諾の意思表示の取消、消費者契約の条項の効力について民法や商法以外の他の法律に別段の定めがあるときは、その定めるところによると規定しています（消費者契約法11条2項）。

Question 28 複数の消費者が原告になり、事業者の行為について訴訟を提起することがあるのでしょうか。

消費者団体訴訟制度により、一定の消費者団体が事業者を相手に訴訟を提起できます。

　消費者団体訴訟制度とは、内閣総理大臣が認定した消費者団体が、消費者のために事業者に対し訴訟などができる制度で、差止請求と被害回復の2つがあります。
　差止請求とは、事業者の不当な勧誘や契約条項に対し、適格消費者団体が不特定多数の消費者の利益を擁護するため、それらの停止を求める制度です（76ページ）。
　差止請求は、消費者契約法をめぐるトラブルだけでなく、特定商取引法、景品表示法、食品表示法をめぐるトラブルも対象に含まれます。したがって、内閣総理大臣の認定を受けた適格消費者団体は、消費者契約法、特定商取引法、景品表示法、食品表示法をめぐる不当な行為などについて差止請求ができます。
　これに対し、被害回復とは、事業者の不当な行為により財産的被害が生じている場合、特定適格消費者団体が消費者に代わり被害の集団的な回復を求める制度です。2016年の消費者裁判手続特例法の施行に伴い導入されました。具体的には、事業者の消費者に対する一定の金銭支払義務につき、①共通義務確認の訴えの提起（事業者の支払義務の有無を確定する）、②簡易確定手続き（①で勝訴した場合に消費者の債権を確定させ事業者に支払わせる）、という2段階構造で消費者の被害回復を図っています。

消費者問題を扱う適格消費者団体とはどのような団体ですか。どのような要件を満たす必要があるのでしょうか。

事業者の事業差止めを求める訴訟を提起するのにふさわしい実体をもった団体のことです。

　事業者に対して差止請求を行うことができる適格消費者団体の数は、2019年6月の段階で21団体だけです。適格消費者団体にだけに対して差止請求権を認めているのは、差止請求が、本来は自由に行えるはずの事業活動を制限するという性質を持った行為だからです。つまり、十分な情報収集をせず、消費者の一方的な訴えだけをうのみにして差止請求を乱発したり、営業妨害や不当利得（法律上の正当な利益がないのに利益を受け、それによって他人に損失を与えていること）を目的として差止請求を行うようなことになると、事業主の営業活動が不当に害されるおそれがあるからです。このため、消費者の権利を保護するという目的を達成するためだけに差止請求をする団体であるかどうかを審査した上で、認定を与えた団体に差止請求権を与えています。
　適格消費者団体として認定されるためには、①差止請求業務を適正に遂行するための組織体制や業務規程が適切に整備されていること、②差止請求関係業務を適正に遂行する上で十分な経理的基礎があること、③差止請求関係業務以外の業務を行う場合に、その業務を行うことによって差止請求関係業務の適正な遂行に支障を及ぼすおそれがないこと、といった要件を満たした上で、内閣総理大臣に申請してその認定を受けることが必要です。

Question 30 事業者はどのような場合に差止訴訟を提起されるおそれがあるのでしょうか。また、訴訟はどのような手続きを経ますか。

消費者の不利益が大きい行為について、特別の差止訴訟手続きが設けられています。

　差止請求の対象となるのは、たとえば消費者契約法を根拠とするときは、事業者が真実でないことを伝える、または消費者に不利益な事実を伝えないなどして勧誘をした場合です（不当な勧誘行為）。さらに、事業者の損害賠償責任を全額免除する条項や、消費者を一方的に害する条項などの無効な契約条項が置かれている場合（不当な契約条項）も差止請求の対象になります。これらの場合、適格消費者団体は、事業者に対し、当該不当勧誘行為をやめるように求める、当該不当条項を規定した契約を締結しないように求める（停止・予防）、事業者が作成した従業員向けの勧誘マニュアルなどの廃棄を求める（停止・予防に必要な措置）といった内容の請求をすることができます。ただ、その適格消費者団体や第三者の不正な利益を図ることなど、請求者側に不正な目的がある場合には差止請求はできません。

　消費者団体訴訟制度を活用して裁判所に差止請求を提起したいという場合、基本的には一般の民事訴訟と同様の民事訴訟法の規定に従って手続をすることになりますが、紛争の早期解決を目的とした特別の手続も用意されています。

① 書面による事前の請求
　適格消費者団体が裁判所に対し、差止請求についての訴えをす

る場合、相手方事業者に対してあらかじめ書面によって請求することが必要です。そして、その書面の到達後、1週間が経過して初めて、訴えを提起することが認められます（消費者契約法41条）。
② **不当な行為が行われた地で訴えることができる**
　民事訴訟のルールでは、実際に裁判を担当する裁判所は被告となる事業者の本店（本社）所在地を管轄（裁判所がその事件を担当すること）する裁判所等と定められています。
　ただ、消費者団体訴訟制度による差止請求の場合には、事業者の行為があった地を管轄する裁判所に提起してもよいことになっています（消費者契約法43条）。
●**情報提供や開示とは**
　消費者団体訴訟制度の対象となる事件は、その情報を知らない消費者が新たな被害者になるという形で拡大していく性質を持っているので、消費者に情報を提供することにより被害を未然に防ぐことが重要です。そこで、適格消費者団体は、消費者に対して、差止請求についての裁判所の判断や裁判外の和解の内容など必要な情報を提供するように努めなければならないとされています。

■ **訴え提起前の書面による事前請求**

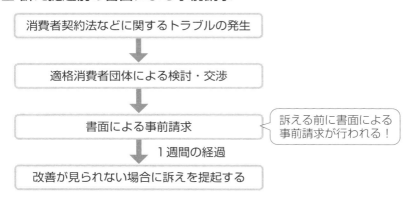

Question 31 3日前に消費者宅を訪れ、勧誘して販売した2980円のハンカチについて、クーリング・オフを主張されることがありますか。

 税込2980円での販売であれば、クーリング・オフを主張されることはありません。

　本ケースは、訪問販売の形式で商品を販売しており、契約日が3日前ですから、特定商取引法によるクーリング・オフの主張を受けるおそれがあるようにも思われます。しかし、代金が3000円未満の場合には、クーリング・オフが認められていません。したがって、今回のケースのように2980円のハンカチの場合には、消費者はクーリング・オフができないのが原則です。

　ただし、ここでの「3000円」は、消費税込みの3000円を意味すると考えられています。そのため、消費税抜きの2980円で販売したのであれば、消費税込みで3000円を超えるので、クーリング・オフの対象になる点に注意が必要です。

　さらに、クーリング・オフの対象になるか否かを問わず、販売員の説明がウソであった場合には、民法による詐欺取消や、消費者契約法による消費者取消権を主張される可能性があります。消費者は金銭的被害を受けているので、消費者団体訴訟制度のうち被害回復（74ページ）を利用される可能性もあります。

　被害額が少ない今回のケースで消費者が訴訟を起こそうとすると、調査費用や専門家への報酬など、消費者は逆に損をします。しかし、被害事実をインターネット上などに拡散される可能性があるため、適切な対応が求められます。

第3章

特定商取引法
【訪問販売・通信販売・電話勧誘販売など】

特定商取引法が適用される場合とされない場合があると聞きました。どんな場合なのかを教えてください。

繰り返しネット上で物品を販売する場合には対象となりますが、一般人の間の取引は対象外です。

　特定商取引法は、販売業者、役務提供事業者、購入業者に代表される事業者を規制対象としています。個人であっても、反復継続的にインターネット上で販売を行っているような場合は、営利目的があるとして「事業者」と判断され、特定商取引法の規制を受ける場合があります。また、物品の販売などに限らず、デジタルコンテンツ（デジタル形式の映像作品、書籍、音楽など）の販売なども、特定商取引法の規制対象に含まれます。

　一方、事業者以外の一般人同士の取引（インターネット上のフリーマーケットやオークションなど）は、特定商取引法の規制対象外となります。その他、インターネット上の取引のため、事業者がホームページを開設し、取引の場を提供しているにとどまる事業者は、取引の当事者でなく、他人間の売買を媒介するにすぎないため、特定商取引法の規制を受けません。ただし、媒介ではなく販売委託を受けた事業者は、特定商取引法の規制対象に含まれます。なお、権利の販売を行う場合には「特定権利」（特定商取引法2条4項）を対象とするものでなければ、特定商取引法の規制対象になりません。

訪問販売はその他の販売形式とどのような点で異なりますか。また、どのような法的規制がありますか。

販売者と連絡がつかなくなるなどのトラブルに備えて特別な法的規制があります。

　訪問販売とは、「営業所、代理店その他の経済産業省令で定める場所以外の場所」で行われる取引と、「特定顧客との取引」のことを意味します。一例として自宅への訪問、いわゆる押し売りがあります。いきなり押しかけてきて、自宅の玄関に居座る場合には、心理的に消費者（購入者）を圧迫しがちです。

　また、消費者が冷静に考えることもできず、本当は買うつもりがないのに買ってしまうことがあるかもしれません。さらに、実際に買ってしまった商品について、後になってトラブルが生じても販売業者と連絡がつかないことも生じかねません。無店舗なのをよいことに、売り逃げをすることも考えられます。このように、訪問販売は、常設の店舗での販売と比べると信頼ができない面もあるので、特定商取引法が特別の規制を置いています。

　特定商取引法は、訪問販売について「販売業者または役務提供事業者」に関する規制を設けています。販売業者とは商品を売る者のことで、役務提供事業者とは商品を売るのではなく、役務（サービス）を有償で提供する者のことです。役務とは、たとえば、エステ、マッサージ、語学教室、庭石の据え付けなどです。商品販売や役務有償提供を業として営む（営利の意思をもって反復継続して取引を行う）者を規制の対象にしています。

Question 3 商品を展示会場などに展示する形式で販売する行為が、訪問販売にあたる場合があるのでしょうか。

 展示会場などでの販売についても訪問販売にあたる可能性があります。

　当事者が物品を購入した取引が訪問販売にあたる場合、クーリング・オフの規定が適用されますし、不当な勧誘行為が行われていた場合には、特定商取引法で認められている契約の取消権を行使することができます。

　そして、訪問販売が「営業所、代理店その他の経済産業省令で定める場所以外の場所」（営業所等）で行われる取引を意味するということは、逆に言えば、営業所や代理店などでの販売は、訪問販売にはあたらないことになります。

　ここでいう「営業所」とは、事業者による営業の行われる場所を指します。洋服販売であれば、洋服を陳列して売っている店舗が営業所です。エステであれば、施術を行うエステサロンが営業所です。一方、「代理店」とは、代理商の営業所を指します。代理商とは、他の商人（事業者）のために、反復継続して取引の代理もしくは媒介（仲介）をする者のことです。したがって、1回だけ単発で行ったというように、継続性・反復性がない場合には代理商にあたりません。

　そして、「その他の経済産業省令で定める場所」とは、露店や屋台などのことを指します。

　なお、①2、3日以上の期間にわたって、②商品を陳列して消

費者が自由に商品を選択できる状態の下で、③展示場等販売のための固定的施設を備えている場所（展示会場などの施設）で販売を行う場合も、営業所等での販売と同様に扱われます。つまり、通常は店舗と考えられないホテルや体育館での販売であっても、上記①〜③の要件を満たすのであれば、営業所等での販売と扱われるので訪問販売となりません。逆に、数時間で終わる展示販売などは、営業所等での販売とはならず訪問販売とされ、特定商取引法の規制を受けることになります。

●**突然誘われて誘導される取引も訪問販売になるのか**

訪問販売のもう一つの類型として「特定顧客との取引」があります。これは販売目的を隠して近づいて来て、別の場所へ案内して取引させるタイプの契約です。具体的には、キャッチセールスもしくはアポイントメントセールスのことです。訪問販売というと、自宅への訪問だけを想像しがちですが、特定商取引法が予定する訪問販売はそれだけに限らないことは知っておくとよいでしょう。もっとも、上記のタイプの契約が訪問販売にあたるかどうかについては、一概に判断できない部分もあるため、特定商取引法が適用されるかどうかのトラブルが生じることもあります。

■ **訪問販売の類型**

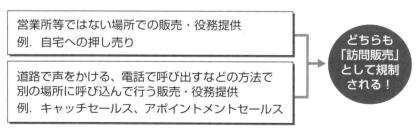

第3章 ● 特定商取引法【訪問販売・通信販売・電話勧誘販売など】

キャッチセールスとはどのような販売方法ですか。また、特定商取引法により、どのような規制が設けられていますか。

訪問販売の一種として、悪質な場合には契約の効力が否定されることがあります。

　ある日街中で突然「今なら無料でエステを受けることができます、ぜひどうぞ」とか、電話で「弊社の海外旅行優待にあなたが選ばれました、ぜひ会社にお越しください」などの勧誘を受けたことはないでしょうか。このように、事業者が営業所等以外の場所で消費者を勧誘し、営業所等に誘い込んだ上で、最終的に契約の締結を求めるような行為をキャッチセールスと呼びます。

　キャッチセールスは、「契約行為自体は消費者の自宅ではなく営業所等で行われる」という点で、訪問販売とはいえないようにも思えるのですが、現在の特定商取引法の規定では「訪問販売」として扱われます。そのため、たとえば、キャッチセールスに引っかかってしまったが後で解約したいと考えた場合、特定商取引法のクーリング・オフを利用することができます。

　同様に、催眠商法（消費者を会場に呼び込み、巧みな話術や景品の配布などの方法で消費者を興奮させ、冷静な判断を失わせて高価な商品を購入させる商法）、アポイントメントセールス（販売意図を隠すなどして特定の場所に消費者を呼び出し、高価な商品を購入させる商法）、ホームパーティー商法（消費者をパーティーに招待し、心理的に断り辛い状況を作り上げ、高価な商品を購入させる商法）といった販売形態も、原則として特定商取引法上の

「訪問販売」に該当するので、クーリング・オフが可能です。
●**法的にはどんな規制があるのか**
　詐欺まがいのキャッチセールスなどであれば、民法の詐欺（民法96条）または勘違いである錯誤（民法95条）を主張して契約の効力を否定することが可能です。ただ、詐欺というのは事業者側の内心（だまそうとする意思）の立証が必要であるため、消費者側が立証するのは難しいといえます。そこで、消費者契約法や特定商取引法では、たとえば重要事項について事実と異なることを事業者が告げた場合（不実の告知）などに、契約を取り消すことを認めています。この取消権は外面的な事実を立証すればよく、事業者側の内心の立証を要しないので、民法よりも消費者にとって行使しやすいことが多いようです。もっとも、実際に特定商取引法・消費者契約法・民法のどの規定で対応していくのがよいかについては、個々のケースで異なるといえます。

■ **営業所等での契約についてクーリング・オフができる場合……**

[原　則]　営業所等で契約した場合、クーリング・オフできない

[例　外]　営業所等に連れていかれた場合、クーリング・オフができる

第３章 ● 特定商取引法【訪問販売・通信販売・電話勧誘販売など】　85

 どのような商品・サービス・権利が、特定商取引法上の訪問販売の対象になるのでしょうか。

 原則としてすべての商品・サービスと特定商取引法が規定する権利が対象になります。

　消費者がどのようなものを購入したとしても、訪問販売と認められるのでしょうか。かつては訪問販売、それから後述する通信販売、電話勧誘販売の対象となる商品、サービス（役務）、権利は政令で指定したものに限られていました（指定制度）。
　しかし、消費者としては、何が政令で指定されているかを把握しているわけではないので、指定制度のために消費者が保護されにくくなっていることが問題視されていました。現在では指定商品・指定役務・指定権利の制度は廃止され、原則としてすべての商品・サービスおよび特定権利が、特定商取引法上の訪問販売・通信販売・電話勧誘販売の適用対象とされています。
　権利については、かつての指定制度が廃止され、範囲が広げられた「特定権利」が適用対象となっています。

●**特定権利とは**
　特定権利とは、特定商取引法の適用を受ける権利のことです。具体的には、次ページ図の①〜③に該当する権利を指します。権利の販売というとイメージが湧かないかもしれませんが、生活が豊かになり、物品だけではなく権利も買おうという意識が高まり権利の取引が増えていますが、それに伴いトラブルも増えているため、規制対象を広げることにしました。

特にかつては指定権利に含まれていなかった社債や株式など（下図の②③）が、特定権利として含まれている点が特徴的です。また、下図の①に該当する権利は政令で定められていますが、非常に広範囲に渡って、権利が指定されているということができます。

●特定商取引法の規定が適用されない訪問販売もある

特定商取引法の訪問販売の対象は、原則としてすべての商品・サービスと特定権利です。訪問販売で購入したものが商品やサービスであれば、たいていは特定商取引法の保護を受けることができる取引ということになります。

ただし、購入者が営業として行う取引や組織内部の取引など、特定商取引法による規制にはなじまない取引（161ページ）については、特定商取引法の規制が及びません。また、使用や一部の消費によって価額が著しく減少するおそれがあるとして政令で定められた消耗品を使用・消費した場合や、直ちに代金を支払う現金取引で購入した商品の金額が3000円（税込）未満の取引は、クーリング・オフの対象外とされています。

商品購入の際には念のため、特定商取引法の規制対象になる取引かどうかについて確認することが必要になるでしょう。

■ 特定商取引法の規制対象となる特定権利

①	施設を利用しまたは役務の提供を受ける権利のうち、国民の日常生活に係る取引において販売されるものであって政令で定めるもの
②	社債その他の金銭債権
③	ⓐ株式会社の株式 ⓑ合同会社、合名会社、合資会社の社員の持分、その他の社団法人の社員権 ⓒ外国法人の社員権でⓐⓑ記載の権利の性質を有するもの

訪問販売を行う事業者は、消費者に対してどのような情報を明示する必要があるのでしょうか。

契約目的や商品の種類などの明示、書面の交付、氏名等の明示義務などを負います。

　訪問販売は店舗販売と比べて消費者がトラブルに巻き込まれる可能性が高いので、特定商取引法では、訪問販売をする際には、事業者に以下のような義務を課しています。
① 　事業者名、氏名、商品等の種類、目的を明示する義務
② 　取引内容などの一定の事項を記載した書面を交付する義務
　これらの義務は、消費者に「誰と話しているのか、何を話しているのか、何をいくらで取引しようとしているのか」といった点をはっきりと認識してもらうための義務といえます。一般的に消費者は、事業者よりも取引についての知識がなく、同等の立場にはないのが通常です。これらの事情をふまえ、消費者を保護することが目的です。
　たとえば、本当は水道局関係者ではないセールスマンが、水道局関係者であるかのように装ったために、消費者が浄水器を取り付ける契約を結んでしまったとします。これは、水道局という公的なイメージを消費者が信用したために生じたトラブルです。このような被害を防ぐためにも、事業者名や氏名を名乗ることが義務付けられているのです。
　また、このような義務を課さないと、最後まで目的を告げずにセールストークを続け、消費者が取引だと認識しないまま取引が

成立してしまうという事態も生じ得ます。

● 氏名等の明示義務とは

訪問販売は、消費者が店舗に出かけていって物を買うのとは違い、「誰と取引をしているのか」という点が曖昧になりがちです。訪問販売では、訪問者はまず一番に、「私は○○（事業者名）の△△です」と明確に伝えなければなりません。これは、販売・勧誘をはじめる前に伝える必要があります。身分証明書をつけている販売員もいますが、必ずしも書面での証明は必要ありません。

なお、事業者名については、会社の通称や略称などでは名称を明らかにしたことになりません。商号として商業登記簿に登記されている会社名を名乗ることが必要とされています。明確に名乗ってから「今日は化粧品の販売に来ました」というように、訪問目的をはっきりと消費者に伝えなければなりません。

一般的には、訪問販売員はインターホン越しに氏名・訪問目的などをつげることになりますが、正当な方法で取引を求めても消費者の方が警戒することが多く、きちんと氏名や目的を伝えないままにセールストークを進めている場合もありますが、これは氏名等の明示義務を遵守しているとはいえません。

■ 訪問販売に対する規制

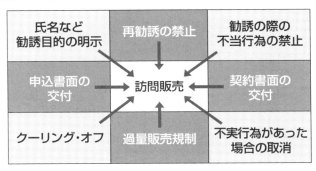

　申込書面と契約書面の2種類の書面があります。

　訪問販売にあたって、事業者（販売業者・役務提供事業者）が消費者に交付しなければならない書面には、①申込書面と②契約書面があります。法律上では、事業者は消費者からの申込みがあった段階で取引内容を確定することになっています。

　契約書面の他に申込書面の交付が要求されている理由は、その後の契約段階で、取引の内容が変わってしまうと、トラブルの原因となりかねないためです。そのため、すぐに契約を締結しない場合でも、事業者は申込内容を記載した書面を交付しなければならないのです。申込書面は、原則として事業者が申込みを受けた場で交付しなければならず、日を改めて交付することは許されません。ただ、消費者からの申込みと同時に契約を締結する場合には、申込段階と契約段階で取引の内容が異なるというトラブルが生じるおそれがないので、契約書面のみの交付でよいとされています。

●現金取引の場合は記載事項が異なる
　現金取引とは、商品の受け渡しと同時にその代金の授受を行う取引のことです。訪問販売はクレジット契約が多いのですが、現金取引の場合もあります。
　訪問販売で現金取引をする場合にも、契約書面の交付が必要です。契約締結と同時に商品の引渡し、代金の全額を支払う取引な

どについても、契約書面を交付しなければなりません。

　書面に記載される事項は、事業者の名称、代表者と販売担当者の氏名、商品名、商品の数量、商品の形式、クーリング・オフに関する事項、特約に関する事項などです。現金取引のときには、クレジット契約の時に記載される「代金の支払時期」「商品の引渡時期」といった項目の記載は不要です。

■ 申込書面と契約書面

申込書面 → 申込みの内容を記載した書面 → 申込後、直ちに交付する

契約書面 → 契約内容を記載した書面 → 契約後、遅滞なく交付する

※申込みと同時に契約を締結する場合には契約書面のみの交付でよい

■ 申込書面・契約書面の記載事項

①商品・権利・役務の種類
②商品・権利の販売価格、役務の対価
③商品・権利の代金、役務の対価の支払時期および方法
④商品の引渡時期若しくは権利の移転時期または役務の提供時期
⑤クーリング・オフに関する事項
⑥事業者の氏名（名称）、住所、電話番号、法人の代表者の氏名
⑦契約の申込みまたは締結の担当者氏名
⑧申込みまたは締結の年月日
⑨商品名、商品の商標または製造者名
⑩商品に型式があるときは、その型式
⑪商品の数量
⑫契約不適合責任（瑕疵担保責任）について定めがあるときは、その内容
⑬契約の解除に関する定めがあるときは、その内容
⑭その他特約があるときは、その内容

事業者が書面の交付義務に違反すると、訪問販売に関する契約にどのような影響が生じますか。

クーリング・オフの期間などに影響が生じます。

　書面の記載事項が不完全な場合や虚偽の記載がある場合、事業者は交付義務に違反したことになります。消費者は事業者に対し、書面交付義務の違反を主張することができます。また、特定商取引法では、「書面」による交付を義務付けており、電子メールなどのデータ形式によって、必要事項を伝えたことによって、書面の交付義務を果たしたことにはなりません。
　そして、事業者が書面を交付していない場合、書面の交付日がクーリング・オフの起算日であるため、クーリング・オフの起算が開始しません。そのため法律上は、消費者がいつまでもクーリング・オフを行うことが可能になります。さらに、書面が交付されていても、クーリング・オフに関する記載がなければ、交付していないのと同様に扱われます。
　なお、書面交付義務に違反し、消費者の利益や訪問販売に関する取引の公正が害されるおそれがある場合、主務大臣（経済産業大臣）は、事業者に対し適切な措置をとるよう指示ができる他、業務停止命令を行うことも可能です。さらに、書面交付義務への違反や書面の内容に虚偽があるなどの場合、裁判所の判決で事業者に対し100万円以下の罰金（行為者には6か月以内の懲役または100万円以下の罰金）が科されることもあります。

Question 9
訪問販売に関する契約書について、消費者に一定の事実を記載するよう働きかける行為は、契約の効力に影響を与えますか。

消費者が契約を取り消す可能性があります。

　訪問販売において、事業者が消費者との間で契約を締結したときに、事業者は契約書（契約書面）の交付義務を負います。その際に契約書の記載事項について、事業者が消費者に対して働きかけ、一定の事項を記載させる場合があります。たとえば、消費者が未成年者である場合に、成年者であるように生年月日を記載するようアドバイスを行う場合などが挙げられます。また、クレジット契約の審査を通しやすくするために、無職者に対し就職しているので一定の収入があると記載させる場合もあります。

　事業者としては、1つでも多くの契約を有効に成立させようと、契約の効力を失わせるおそれがある内容・方法によって消費者を誘導するケースが少なくありません。消費者側である未成年者が締結した契約は、原則として取消しが可能です。しかし、成年者であることを装った契約書が作成された場合、消費者側が行っているのは「未成年者の詐術」にあたるため、民法の規定により契約の取消しができないと考えることも可能であるためです。

　これに対して事業者側が契約を獲得するため、契約書の作成についてアドバイスなどを行い事実と異なる契約書が作成された場合には、消費者側の行為が「未成年者の詐術」にあたるとしても、契約の取消しが可能であると考えられており、注意が必要です。

第3章 ● 特定商取引法【訪問販売・通信販売・電話勧誘販売など】　　93

Question 10 訪問販売において、消費者に事実と異なる説明を行い、契約を結ぶことは許されますか。また、他にも禁止行為がありますか。

不実の告知にあたる可能性があります。他にもさまざまな禁止行為が規定されています。

　訪問販売は、消費者が事前に商品やサービスに関する情報を持たないために、誤解やトラブルにつながります。そこで、特定商取引法では、訪問販売を行う際の禁止行為を定めています。

① 不実の告知

　消費者に対して事実とは異なる説明をして、商品を購入させる行為です。たとえば、訪問販売員が消防署の職員に扮装して、「家庭に1台取り付けが義務付けられている」とウソを言って消火器を売る（家庭への消火器設置義務はない）悪質な訪問販売はよく知られています。また、クーリング・オフできる商品であるのに、この商品はクーリング・オフできないと説明して販売する行為も不実の告知とみなされます。なお、主務大臣（内閣総理大臣など）は事業者に対し、不実の事項を告げる行為の有無について、合理的な根拠を示す資料を提出するように求めることができます。

② 故意による重要事項の不告知

　消費者に不利な重要な事実を、故意に（わざと）伝えずに契約を結ぶ行為は禁止されています。たとえば、販売する商品が一定期間を過ぎると壊れるという事実を、知らせると消費者が買わなくなるため、あえて説明しなかったなどが挙げられます。

③ 威迫行為・詐欺行為

消費者をだましたり、威迫して契約を交わすことです。威迫とは、強迫よりは軽度であるものの、他人に対する言動によって相手方を不安・困惑させることを意味します。このような契約は、当然に正当なものとして認められません。

④　**販売目的を隠した行為**

　消費者に接触するために、販売の目的を隠して訪問する行為は禁止されています。たとえば、販売目的であることを言わずに道路などで声をかけ、営業所に誘い込む行為は禁止されます。

⑤　**債務の履行拒否・履行遅滞**

　正当な理由もなく、債務の履行を拒否したり遅らせたりすることです。約束の期日までに履行しないことを履行遅滞といいます。特に契約の解除を消費者が求めている場合、クーリング・オフの期間をやりすごすために、それを拒否したり、遅らせるといった手口がよく使われています。

⑥　**夜間の勧誘やしつこい勧誘**

　夜遅くに自宅などを訪問して勧誘する、長時間にわたってしつこく勧誘する、病気や老齢などによる判断力不足に乗じて勧誘する、通常必要な分量を著しく超える商品の購入について勧誘する、商品に対する経験・知識・財産の状況に照らして不適当な勧誘をする、などが禁止されています。

■ **不当勧誘が行われた場合に消費者が採りうる手段**

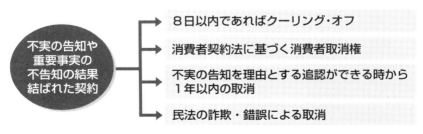

第3章 ● 特定商取引法【訪問販売・通信販売・電話勧誘販売など】

事業者が訪問販売において特定商取引法に違反した場合、制裁を受けるおそれがあるのでしょうか。

一定の行為に対しては、刑事罰などの制裁が規定されています。

特定商取引法で定められている禁止行為を販売業者が行った場合、行政規制や刑事罰の対象となる場合があります。

① 行政規制

違反業者に対しては、業務改善措置を指示する、業務の一部または全部を停止させる（業務停止命令）、違反業者の役員などが業務停止命令に関する業務を新たに開始するのを禁ずる（業務禁止命令）といった行政規制がとられます。主として訪問販売に関する取引として公正さを害する禁止行為や、消費者の利益を害する禁止行為が、行政規制の対象になります。

その他にも、事業所への立入調査を行い、報告や資料提出を命じるなど、消費者の被害を最小にするための措置がとられます。

② 刑事罰

たとえば、不実の告知、故意による重要事実の不告知、威迫行為（118ページ、特定商取引法6条1項～3項）をした者に対しては、3年以下の懲役または300万円以下の罰金が科せられるというように、刑事罰の対象となる場合もあります。また、行政規制について、たとえば指示に対する違反が認められるときは、6か月以下の懲役または100万円以下の罰金が科せられます（懲役と罰金の両方が科せられる場合もあります）。

訪問販売に対して「商品を買うつもりはない」と明示している人に、さらに購入を進める行為は特定商取引法上の問題を生じますか。

再勧誘の禁止規定に違反するおそれがあります。

　一度契約をした消費者に対して、言葉巧みに必要のない商品やサービスを次々と販売する「次々販売」という商法があります。次々販売では、消費者側としても購入する必要がないことをわかっているのですが、何度も来訪されるうちに仕方なく契約してしまうというケースが後を経ちませんでした。特に、判断力が弱った高齢者などが、執拗に繰り返される勧誘によって、不要な契約に巻きこまれる場合が増加しています。そこで、同様の被害を防ぐ目的で、特定商取引法では、訪問販売に再勧誘禁止規定を置いています。

　事業者（販売業者または役務提供事業者）は、訪問販売をしようとするときは、その相手方に対し、事業者の名称、販売目的、商品の種類を明示した上で、勧誘を受ける意思があることを確認する必要があります。ここでいう「意思」とは、積極的に勧誘を聞くことを意味しており、「拒否します」と明示しなかったからといって、勧誘を受ける意思を認めることはできません。

　そして、訪問販売による売買契約または役務提供契約を締結しないという意思を表示した消費者に対しては、事業者は当該売買契約または当該役務提供契約の締結について勧誘をしてはいけません。「契約しない」「訪問しないでほしい」などとはっきり意思

第3章 ● 特定商取引法【訪問販売・通信販売・電話勧誘販売など】

表示した消費者のもとに居座り続けることや、帰ったとしても再三訪問するなどの行為は禁止されることになります。

消費者のもとに居座り続けると、場合によっては刑法上の不退去罪（刑法130条後段）を構成するおそれがあります。

●再勧誘を禁止されるともう訪問販売できないのか

再勧誘禁止規定があるといっても、訪問販売自体が行えないわけではありません。

再勧誘が禁止されるのは、勧誘の対象となった商品やサービスについての再勧誘であり、別の商品などの契約についての勧誘は禁止されません。

また、同じ商品であれば、断る意思を示した消費者に再勧誘をすることは禁止されますが、永久に再勧誘が禁止されるわけではありません。社会常識に照らして相当と考えられる期間を過ぎれば、再勧誘にあたらないと考えられています。

運用指針によると、同じ商品などの契約であっても、たとえば、数か月から1年単位での契約が通常である商品などについては、その期間が経過すれば別の商品などの契約になると考えられ、再度勧誘することが可能になります。

■ 再勧誘の禁止

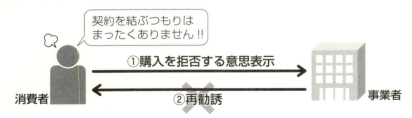

・別の商品・サービスの契約についての勧誘であれば禁止されない
・同じ商品であっても一定の期間が経過したことで「別の商品」といえる場合には、再度の勧誘も可能になる

訪問販売により販売した商品について、具体的にどのような手続きでクーリング・オフの主張がなされるのでしょうか。

8日以内に書面が送付され、クーリング・オフの主張がなされます。

訪問販売で販売した商品や特定権利、提供したサービスについて、消費者が後から、クーリング・オフにより契約の解除（もしくは申込みの撤回）をすることがあります。

クーリング・オフが設けられた目的は、訪問販売により締結した契約について、消費者に熟慮する期間を確保し、再度検討した後に契約関係からの離脱を容易にすることで、消費者の権利や利益を保護することにあります。また、クーリング・オフ制度が設けられていることによって、事業者が不正な方法により勧誘する行為を抑止する効果も期待されています。

具体的に、消費者は熟慮期間として、後述の8日間について、契約を再検討する機会が保障されています。特に、契約内容が複雑化する傾向がある現在、事業者は多様な方法で、消費者に十分な判断の時間的猶予を与えることなく、契約の締結を迫るという事態も少なくありません。特定商取引法では、熟慮期間を設けるとともに、事業者は書面により契約内容に関する情報提供を義務付けられていることから、消費者がその情報を基に、冷静に訪問販売に関する契約の要否を再検討することができます。

クーリング・オフを行使できる期間は、クーリング・オフに関する記載のある契約書面（または申込書面）を交付した日から8

日以内です。8日以内であればたとえ契約した後でも、消費者は契約を解除できます。「8日」の期間について、民法の初日不算入の原則とは異なり初日もカウントされる点に注意しましょう。

たとえば、日曜日に契約書面を交付したとすると、翌週の日曜日までが行使期間となります。消費者は8日以内に通知を発信すればよく、事業者に届くのは9日目以降でもかまいません。

消費者が商品購入から8日目にクーリング・オフの通知を手紙で送った場合、事業者に届くのは9日目以降になりますが、クーリング・オフは事業者への到達時点ではなく、消費者（送付者）が発信した時点で効果が生じるため、このような場合でもクーリング・オフは有効に成立するのです。

ただ、事業者が通知を受け取っていないと主張する場合には、消費者の側が通知を発信したことを証明しなければなりません。このような場合、重要になるのが消費者が書面を発送した日付です。通常、ハガキや手紙には郵便局の消印があります。消印が商品購入日から8日以内であれば、事業者はクーリング・オフを認めなければなりません。そこで、書面の発信日を容易に確認できる内容証明郵便が利用されることが多いといえるでしょう。

■ クーリング・オフの起算日

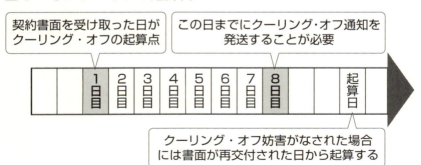

Question 14 訪問販売により購入した商品について、電話によりクーリング・オフをすることは可能でしょうか。

 事業者も承知していれば電話によることも可能です。

　特定商取引法では、クーリング・オフの行使について「書面により」としています。そのため、電話などでクーリング・オフを行使するのは問題があります。しかし、書面による行使を要求した目的は、事業者・消費者間のトラブルを避ける点にありますので、事業者・消費者ともに承知しているのであれば、電話などでクーリング・オフを行使してもよいというのが判例の考え方です。ただ、事業者側が「クーリング・オフの話は聞いていません」と主張する場合に備え、書面で通知することがほとんどです。

● 法律の規定と異なる特約は認められるのか

　契約内容によっては、事業者独自の特約がある場合があります。たとえば「クーリング・オフを行使した場合には違約金が発生する」「クーリング・オフは当社が認めた場合のみに実行される」といった特約です。このような特約を認めてしまえば、クーリング・オフの効力がほとんどなくなってしまいます。そこで、特定商取引法では、「消費者の利益を一方的に害する特約は無効とする」と規定しています。

　ただし、「クーリング・オフは電話などでも認められます」「当社ではクーリング・オフ期間を10日とします」など、消費者にとって有利にする方向での特約は認められます。

事業者がクーリング・オフの行使を妨害したような場合でも、8日間を過ぎると契約の解除ができなくなってしまうのでしょうか。

妨害行為が認められる場合には熟慮期間が延長されます。

　訪問販売で購入した商品に欠陥などが見つかった場合、消費者は事業者に対してクーリング・オフを行使することでしょう。
　しかし、事業者によっては「書面が本社に到着していないため、クーリング・オフは無効です」「商品が消耗品の場合は、クーリング・オフが無効になります」などの理由をつけて消費者にクーリング・オフをさせまいとします。こういった行為はクーリング・オフ妨害と呼ばれます。具体的には、事業者が消費者にクーリング・オフができないと告げ、消費者がそれを事実であると誤認した場合や、事業者が消費者を威迫したために、消費者が困惑してクーリング・オフができなかった場合などが挙げられます。
　事業者が威迫する例としては、契約の解約を望む消費者に対して、契約を解消する行為は「無責任だ」などと主張して、高圧的な態度で接し、クーリング・オフの行使を、心理的に困難にする場合などが挙げられます。
　特定商取引法では、クーリング・オフ妨害が行われ、それにより消費者が誤認や困惑したために、クーリング・オフを行うことができなかった場合には、クーリング・オフ期間の延長を認めています。具体的には、事業者は「弊社はクーリング・オフを妨害する行為を行ったため、本日お送りした書面をお受け取りになっ

た日より8日間はクーリング・オフが可能です」といった書面を、改めて消費者に交付しなければならず、その書面を受領した日から8日以内であれば、クーリング・オフができることになります。

なお、クーリング・オフ妨害行為は、契約締結前に行った場合にも、8日間の熟慮期間の延長の対象に含まれます。したがって、消費者は契約締結後に、事業者によりクーリング・オフ妨害を受けた場合のみではなく、契約締結前の妨害行為を理由に、8日を経過した後であっても、クーリング・オフを行うことができる場合があります。

契約締結前のクーリング・オフ妨害行為の具体例としては、事業者側の契約前の説明として、「この契約は特別な契約であるため、解約することができません」などと、クーリング・オフができないと虚偽の説明を行って、契約締結へと消費者を導く行為が挙げられます。

また、特定商取引法では、クーリング・オフの効果は、消費者がクーリング・オフに関する書面を発信した時点で発生すると規定しています（発信主義）。これは、通常の意思表示が、相手方に到達することによって効果が生じる（到達主義）、という民法の原則とは異なります。そのため、事業者がクーリング・オフに関する書面が到達していないことを理由に、クーリング・オフが無効と主張することはできません。

■ **クーリング・オフ妨害とクーリング・オフ制度**

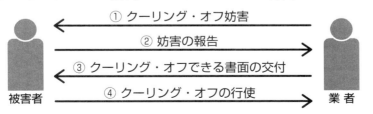

Question 16 取付けサービスを含む床暖房の販売契約について、契約全体についてクーリング・オフを行うことは可能でしょうか。

役務付帯契約では、原則として契約全体のクーリング・オフが可能です。

　訪問販売では、商品だけでなく、役務を商品とセットにして販売する事があります。役務とは、一言でいうとサービス、人のために行う労働という意味で捉えておけばよいでしょう。

　一方、役務付帯契約とは、このような役務を商品の販売とともに行う販売形態です。

　これら「商品の販売」と「役務」のどちらがメインのサービスで、どちらが付随するサービスとなるのかは、販売契約によってまちまちです。商品の販売と役務のどちらが主体となる場合であっても、役務付帯契約として認められています。

　役務付帯契約では、商品の販売と役務の提供の両方がともにクーリング・オフの対象となるのかが問題です。たとえば、訪問販売で家に新しい床暖房を購入して、取り付ける役務付帯契約を行った場合、古い床は取り外すなどして、何らかの手を加えなければいけません。もし、この契約を途中で止めたいと思っても、すでに古い床の取り外しや新しい床の取り付けが行われている場合、床暖房の販売と取り付ける役務の両方に対してクーリング・オフが有効になるのかという問題が出てきます。

　特定商取引法では商品の販売だけでなく、役務の提供についてもクーリング・オフが適用されると定めています。そのため、

クーリング・オフの期間内であれば、たとえ耐震工事の一部がすでに行われていたとしても、業者は工事を中止する必要があります。また、クーリング・オフの時までにかかった工事費用に対しても、消費者に請求することはできません。前もって受け取った金銭も消費者に返すことになります。

● **原状回復請求ができる**

　工事付きの商品販売契約をクーリング・オフしたくても、すでに工事が行われてしまっている場合、この工事を途中の状態でほったらかされてしまうと、消費者としては困ってしまいます。原状回復とは、役務を行った際に発生した変化について、販売契約を行う前の状態にまで戻すことです。具体的には、業者が新しい工事を行って変更されてしまった所があれば、それを元に戻す必要があります。前述のような床暖房を取り付ける契約のクーリング・オフについても、工事は途中まで行われていて、床には手が加えられています。しかし、消費者から原状回復の請求があれば、業者は販売契約する前の状態に戻すために、床暖房の取り付けの工事を中止し、元あったような床に付け替える処理をしなければなりません。

　なお、原状回復のための費用は、業者側で負担しなければなりません。たとえ床を元の状態に戻すために費用がかかったとしても、それを消費者側に請求することはできません。

■ **役務付帯契約と契約の解除**

役務付帯契約（商品の販売＋サービスの提供）
消費者 ← 事業者
商品・サービス双方についてクーリング・オフ可能
原状回復請求もできる

第3章 ● 特定商取引法【訪問販売・通信販売・電話勧誘販売など】　105

Question 17 消耗品については、どのような場合でもクーリング・オフをすることができないのでしょうか。

 例外的にクーリング・オフが可能な場合もあります。

　化粧品や健康食品など消費しやすい商品のクーリング・オフについては、他の商品と異なる取扱いがなされています。
　特定商取引法では、一度でも開封して使用・消費すると大きく価値が損なわれる商品を「政令指定消耗品」と定めています。政令指定消耗品として定められているのは以下の商品です。
① 健康食品（動物や植物の加工品、医薬品を除く）
② 不織布、織物（幅13cm以上）
③ コンドーム、生理用品
④ 医薬品を除く防虫剤・殺虫剤・防臭剤・脱臭剤
⑤ 医薬品を除く化粧品・毛髪用剤・石けん、浴用剤、合成洗剤、洗浄剤、つや出し剤、ワックス、靴クリーム、歯ブラシ
⑥ 履物
⑦ 壁紙
⑧ 配置薬

　政令指定消耗品は、一部でも使用・消費すると、契約書面を受領してから８日以内であっても、クーリング・オフができなくなります。なお、クーリング・オフが認められないのは、通常その商品が販売される最小の単位（小売最小単位）に限られます。事業者が、通常の小売最小単位とは異なる単位を取扱い単位として

商品を販売している場合には、小売最小単位を超える部分については、クーリング・オフが可能になります。

　ただし、このような商品を販売する際には、あらかじめ商品が政令指定消耗品に該当するものであり、一部でも使用・消費するとクーリング・オフができなくなることを、消費者に交付する書面の中で伝えておく必要があります。政令指定商品にあたることを書面で告げていない場合、その書面は、必要事項の記載が不十分とみなされ、クーリング・オフが可能な場合があります。また、販売業者側から使用するように勧められた場合、政令指定消耗品であっても、クーリング・オフの対象に含まれます。

■ 政令指定消耗品とクーリング・オフ

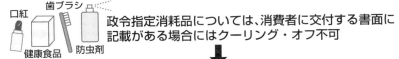

- 単に蓋を開けたというだけでは使用・消費とは言えず、クーリング・オフが認められる可能性がある
- 消耗品がセットとなっている商品の場合、「未使用の政令指定消耗品」や「政令指定消耗品外の商品」については、クーリング・オフが可能

■ 消耗品のクーリング・オフを封じるための契約条項

> 第●条　本件契約により購入した商品の全部または一部を使用、もしくは消費した場合には、特定商取引法その他の法律に基づくクーリング・オフをすることはできない。

消費者に交付する書面にこのような条項がない場合、消耗品を使用・消費してしまった場合でもクーリング・オフができる

Question 18 クーリング・オフした商品について、一部使用していた場合に、事業者が費用などを請求することは可能なのでしょうか。

 事業者は一部使用分の費用を消費者に対して請求することはできません。

政令指定消耗品の説明で「開封した場合はクーリング・オフができません」という表記をよく目にしますが、実際には、商品を開封しただけでは使用・消費にはあたらないとされています。

ただし、真空パックなどのように容器に密封されていて、開封した時点で価値がなくなるという性質を持っている商品の場合は、開封しただけで使用・消費にあたることになって、クーリング・オフの対象外となってしまいます。たとえば、缶詰は密封されているために、長期間保存できるようになっています。これを開けてしまうと、缶詰の長期保存という価値が大きく損なわれたため、中身を食べていなくても使用・消費したとみなされて、クーリング・オフができなくなります。

●一部の使用・消費について

政令指定消耗品を含む商品がセットとなっているものを購入し、これを使用・消費した場合でも、セットの商品すべてがクーリング・オフの対象外になるわけではありません。

また、購入した商品のうち、使用・消費したものに関してはクーリング・オフができませんが、それ以外の「未使用の政令指定消耗品」や「政令指定消耗品外の商品」については、クーリング・オフをすることが可能です。この場合、個々の商品の小売価

格が返金金額の目安となります。

なお、セット商品のどれが政令指定消耗品であるかの表記も説明もない場合は、たとえ一部を使用・消費したとしても、セット品すべてについてクーリング・オフが可能になります。

この場合、一部使用した分の費用を事業者が消費者に請求することについては、特定商取引法が規定を設けており、費用の請求を行うことは認められません。これに対して、商品を一部消費した場合の費用請求について、特定商取引法は規定を設けていません。しかし、一部使用・一部消費の場合を一体的に取り扱い、クーリング・オフを認めていることから、一部消費した分の費用も消費者が支払う義務はないと考えられています。

●試用販売の場合

購入すると決めていない段階で、セールスマンに「試しに商品を使ってみてください」と言われることがあります。

ここで使用した化粧品は、あくまで見本として使用したものです。その後、この化粧品を購入した場合は、たとえ政令指定消耗品であってもクーリング・オフが可能です。政令指定消耗品の使用・消費が消費者の意思によって行われていないのですから、クーリング・オフが認められることになります。

■ 一部使用した商品のクーリング・オフ

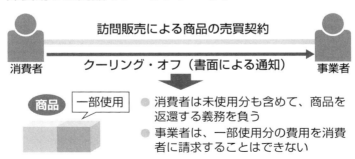

第3章 ● 特定商取引法【訪問販売・通信販売・電話勧誘販売など】　109

Question 19
訪問販売員の巧みな勧誘で、日常生活の使用量を大きく超える商品を販売しました。契約の解除が主張される可能性はありますか。

消費者から過量販売規制に基づく解除権を行使される可能性があります。

　訪問販売には必要のないものを消費者に販売してしまうという問題がありますが、たとえ消費者に必要であっても、必要以上の分量を販売するという問題があります。実際に訪問販売の被害を見ると、「たくさん買うと安くなるから」などと言葉巧みに勧誘して、高額の契約を結ぶという手口を用いる悪質な販売業者もいるようです。しかも、一度このような契約をしてしまうと、販売業者が次々に違う商品を販売しようとしてしまいます。

　そのため、訪問販売や電話勧誘販売の際に、消費者が日常生活において通常必要とされる分量を著しく超える商品や特定権利を購入する契約、または役務の提供を受ける契約を締結した場合、原則として、契約締結日から１年以内であれば、消費者の側から契約の解除（申込みの撤回を含む）ができます（過量販売規制）。従来の過量販売規制は訪問販売だけが対象でしたが、現在では、電話勧誘販売も対象に含まれています。

　過量販売にはいくつかのパターンがあります。たとえば、①一度に大量のものを販売するケース、②同じ事業者が何度も訪問して次々と購入を迫るケース、③通常必要となる分量を超えることを知りながら、同じ事業者、あるいは複数の事業者が次々と購入を迫るケースです。いずれの場合も過量販売規制の対象になりま

すが、特に販売回数が複数回にわたる場合には、事業者側において過去の販売量に、新たに販売する量を合わせると、過量になることを認識していることが必要になります。

　過量販売といえるかどうか、つまり通常必要とされる分量を著しく超える販売かどうかは、商品・特定権利・役務の内容や購入者の生活を基に判断することになります。また、過量販売を理由に消費者が契約解除を主張する場合、商品の売買契約だけでなく、同じく1年以内のクレジット契約の解除も可能です。

● **解除権を行使される場合**

　過量販売は、クーリング・オフとは異なる制度ですが、過量販売を理由に契約が解除される場合、事業者は、クーリング・オフと同様に、内容証明郵便やハガキで消費者から通知を受けることになります。原則として契約締結日から1年以内であれば解除可能ですから、クーリング・オフ期間（訪問販売であれば8日）が経過した後であっても、契約を解除されるおそれがあります。

　あらかじめ「過量販売であることを理由に、契約を解除することはできない」といった契約条項を定めていても、そのような条項は消費者を一方的に害するものなので無効です。

■ **過量販売を理由とする契約の解除**

① 訪問販売・電話勧誘販売での契約であること

② 日常生活において通常必要とされる分量・回数・期間を超える商品・特定権利・サービスの契約であること

③ 契約締結の時から1年以内であること

④ 申込者等に契約の締結を必要とする特別の事情があった場合でないこと

消費者は契約の解除が可能！

第3章 ● 特定商取引法【訪問販売・通信販売・電話勧誘販売など】

Q20 契約を解除した際に、消費者が支払う違約金に関して、特定商取引法は限度額などの規定を置いているのでしょうか。

4つのケースに分類して規定が設けられています。

　契約の解除とは、当事者の一人が契約を一方的に破棄することです。契約の解除においてときどき問題となるのが、契約を解除した側の当事者が、一定の損害賠償額（予定賠償額）または違約金を支払わなければならないとの契約条項が存在する場合です。妥当な金額であればよいのですが、事業者と消費者では、明らかに事業者の方が取引に精通しており、不当に高い損害賠償額や違約金に関する約束を結ばされている可能性もあるのです。

　そこで、特定商取引法は、当事者間で自由に決められる損害賠償額や違約金を、妥当な金額の範囲内に制限する規定を置き、消費者の利益が不当に害されないようにしています（特定商取引法10条）。消費者契約法9条に消費者が支払う損害賠償額や違約金を一定の範囲内に制限する規定がありますが、消費者契約法9条の内容を具体的にしたのが特定商取引法10条です。

●特定商取引法10条が適用される4つのケース
　特定商取引法10条が適用されるケースは4つあります。具体的には、①商品または権利が返還された場合、②商品または権利が返還されない場合、③役務提供契約の解除が役務の提供開始後である場合、④契約の解除が商品の引渡し前、権利の移転前、役務の提供開始前である場合です。

①は、商品や権利が返還されていますので、「商品の通常の使用料の額」または「権利の行使により通常得られる利益に相当する額」を基準に違約金や損害賠償額を考慮します。使用料や利益相当額については、販売業者が一方的に提示するのではなく、公的機関の評価を基準に考えるべきだとされます。

　②は、商品・権利を返還していませんから、「販売価格に相当する額」を違約金や損害賠償額とするのが基準です。分割払いにしている場合には、その分割払いにおける支払総額です。

　③は、「提供された役務の対価に相当する額」が違約金や損害賠償額の基準ですが、なかなか判断が難しい部分もあります。また解約手数料の問題もあり、合理的な判断基準については個別に検討することが多くなります。

　④は、商品の引渡し前であったり、権利の移転前であったりするので、損害は生じないとも思われがちですが、契約を締結するために一定の費用がかかっています。たとえば、契約書などの書面作成に関する費用や印紙代です。これらは「契約の締結及び履行のために通常要する費用の額」として算定されます。

　そして、①～④で算定される金額の合計に、法定利率による遅延損害金の額を加えた金額が、消費者が契約を解除した際に、損害賠償額や違約金として事業者が請求可能な金額の上限です。

■ 不当に高い違約金を定める契約条項の例

> 第●条　本契約が解除された場合には、購入者は事業者に対して商品の代金の２倍の違約金を支払うものとする。

特定商取引法10条に反する高額の違約金の契約条項は無効！

事業者が自宅などに来て、アクセサリーなどを強引に買い取る商法に対して、特定商取引法は規制を設けているのでしょうか。

特定商取引法では訪問購入として禁止行為などが規定されています。

　近年急増している悪質商法に「押し買い」があります。押し買いは、押し売り（訪問販売）とは対照的に、自宅を訪れた業者に貴金属やアクセサリーなどを強引に買い取られてしまう悪質商法です。言葉巧みに勧誘されることもあれば、詐欺・脅迫まがいの勧誘行為が行われることもあります。

　商品の「購入」を中心に規制を設ける特定商取引法としては、やや例外的な規制といえますが、消費者が被害に遭うケースも多いため、押し買いについても「訪問購入」として規制対象に含められています。具体的には、訪問購入について、次のような義務や規制などが設けられています。

・事業者名や勧誘目的等の明示義務
・不招請勧誘（飛込み勧誘）の禁止
・クーリング・オフ制度の導入
・契約書面の交付義務

　これらの義務や規制に違反した事業者は、業務停止命令を受けたり、罰金などの刑罰が科される可能性があります。

●訪問購入と規制対象外の物品
　特定商取引法で規制される訪問購入とは、「物品の購入業者が営業所等以外の場所において行う物品の購入」のことです。たと

えば貴金属購入業者が消費者の自宅に訪問し、消費者が所有する貴金属を買い取る行為などがこれにあたります。原則として訪問購入で取引されるすべての物品が規制対象となりますが、例外として、自動車（2輪のものを除く）、家具、家電（携行の容易なものを除く）、書籍、DVD、ゲームソフト、有価証券などは訪問購入の規制対象外の物品とされています。

●訪問購入の規制が適用されない取引（適用除外）

訪問購入に該当する規制対象外でない物品の取引であるとしても、消費者が営業のために売買する契約を締結する場合は「事業者間の取引」となるため、訪問購入の規制がすべて適用されません。また、次のいずれかの取引に該当する場合は、訪問時の事業者名・勧誘目的等の明示義務など一部の規制を除いて、訪問購入の規制が適用されません。

・売主が自宅での契約締結等を請求した取引
・御用聞き取引（購入業者が定期的に住居を巡回する取引）
・常連取引（訪問の日の前1年間に、店舗のある購入業者であれば1回以上、店舗のない購入業者であれば2回以上取引実績がある相手と売買する取引）

■ 訪問購入と特定商取引法の規制

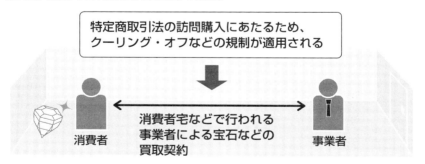

第3章 ● 特定商取引法【訪問販売・通信販売・電話勧誘販売など】　115

消費者の自宅などを訪問し、物品の買取りを勧誘する場合、事業者はどのようなルールを守る必要がありますか。

いきなり消費者の自宅を訪問して、物品の買取りを行うことは禁止されています。

　特定商取引法では、訪問購入（押し買い）において、営業所等以外の場所で「不招請勧誘」を行うことを禁止しています。消費者から事業者に対し、「自宅にある着物の買い取りをお願いしたい」など、訪問購入に係る売買契約を締結するよう消費者から要請されて勧誘するのが「招請勧誘」、要請がないのに勧誘するのが「不招請勧誘」です。つまり、アポイントなしで自宅を訪問し、「貴金属を売りませんか」などと迫る飛込み勧誘は、特定商取引法に違反する行為になるということです。訪問購入は、消費者に契約締結の有無に関して十分な判断の猶予を与えない、不意打ち的な要素を持っていますが、特に不招請勧誘の場合は、その性質が顕著であるため、消費者が不要な契約に巻き込まれないように、規制を設けています。

　では、アポイントさえとれば「不招請勧誘」にはあたらないのでしょうか。たとえば、事業者が電話やメールなどで「不要な家電を売りませんか」と消費者を勧誘し、これに応じた消費者から依頼を受けて訪問した場合には、不招請勧誘にはあたりません。しかし、家電の買い取り依頼を受けて訪問した業者が貴金属の買い取りを勧誘した場合、訪問自体は消費者が依頼していますが、貴金属の買い取りは消費者から依頼を受けていませんので、不招

請勧誘にあたります。

なお、消費者が、不招請勧誘で売買契約を締結してしまった場合でも、クーリング・オフ制度を利用することが可能です。

●**商品の査定を依頼すると不招請勧誘ではなくなるのか**

悪質な訪問購入の手口でよく見られるのが、「無料査定」を悪用した勧誘です。「査定を無料でした以上、買い取りを求めてきたのと同じだ」などと迫るわけです。しかし、査定と買い取りの勧誘は別物です。消費者が「査定だけしてほしい」と要請したのであれば、それに乗じて業者が買い取りの勧誘をすれば「不招請勧誘」として特定商取引法の規制を受けることになります。

ただし、消費者が「査定の金額次第では買い取りを依頼したい」などと言って業者を招いた場合には、不招請勧誘にはあたらないと判断される可能性があります。

●**訪問時には氏名や目的を明示する**

特定商取引法では、訪問購入の事業者に対し、さまざまな規制を設けています。まず、購入業者は消費者宅を訪問し、物品の買取りの勧誘を始める前に、次の①～③のすべての項目について消費者に明示するよう義務付けられています。

明示方法については、特定商取引法は特に規定を設けていません。通常は、口頭によって示すか、あるいは名刺や身分証明証を示すことにより行われます。

① 購入業者の氏名または名称
② 売買契約の締結について勧誘をするために訪問したこと
③ 勧誘を行う物品の種類

この明示義務は、消費者が自宅にある物品の買い取りを求めて業者を招請した場合（招請勧誘）であっても適用されます。さらに、勧誘を始める前には、消費者に対し「勧誘を受ける意思があることを確認すること」が義務付けられています。

●訪問購入に関する禁止行為

この他、訪問購入においては、消費者保護のために、次のような禁止行為が定められています。

① 再勧誘の禁止

消費者が訪問購入に係る売買契約を締結しないという意思を示した場合に、再度当該売買契約の締結についての勧誘を行うことは禁じられています。これは、消費者に勧誘に応じるか否かを判断する機会を確保することが目的です。また、契約の意思がない消費者に対して、執拗に勧誘を行うことで、消費者の日常生活への支障や迷惑行為を防止する目的があります。

② 不実告知・事実不告知の禁止

物品の種類、物品の購入価格、クーリング・オフに関する事項などについて、不実のことを告げる、もしくは故意に事実を告げない行為は禁じられています。

③ 威迫行為の禁止

売買契約を締結させるため、もしくは契約解除等を防止するために、消費者を威迫して困惑させるような行為をすることは禁じられています。

■ 購入業者が勧誘時に守らなければならないルール

訪問購入の勧誘時のルール
- 指名や勧誘目的などを明示しなければならない
- 勧誘の要請をしていない者に対する勧誘(不招請勧誘)の禁止
- 消費者側の勧誘を受ける意思の有無を確認しなければならない
- 訪問購入を拒否した消費者に対する再勧誘の禁止
- 購入価格や支払時期といった事項についての不実の告知や消費者を威迫して困惑させる行為の禁止

訪問購入に関する契約について、事業者は消費者に対してどのような書面を交付する義務を負いますか。

申込書面と契約書面を交付する義務を負います。

　訪問購入の契約時において、事業者は、申込書面と契約書面の交付義務を負います。申込書面は申込みを受けたら事情を問わず即座に、契約書面は契約を締結したら可能な限り早く、必要な事項を記載した書面を消費者に交付する必要があります。消費者に交付する申込書面や契約書面には、次ページ図に挙げた項目を記載します。

　なお、売買契約の締結時に代金の支払いと物品の引渡しが行われていない場合は、契約書面に物品の引渡し時期や引渡し方法についても記載することが必要です。一方、売買契約の締結時に代金の支払いと物品の引渡しが行われた場合は、事業者が消費者に契約書面を「直ちに」交付しなければなりません。

　事業者が消費者に対して申込書面の交付義務を負うのは、営業所以外の場所で訪問購入に関する売買契約の申込みを受けた場合です。これに対し、契約書面の交付義務を負うのは、営業所以外の場所で訪問購入に関する売買契約を締結した場合、または営業所以外の場所で訪問購入に関する売買契約の申込みを受けて営業所等で売買契約を締結した場合です。

● **消費者の引渡拒絶権**について告知する

　訪問購入の場合も、消費者によるクーリング・オフが認められ

ています（121ページ）。しかし、購入業者に物品を引き渡すと、第三者に売却してしまい、消費者がクーリング・オフを行使しても物品を取り戻せない事態に陥る可能性が高くなります。このため、クーリング・オフ期間中は、消費者が物品の引渡しを拒絶できる（引渡拒絶権）という制度が設けられています。

　消費者が引渡拒絶権を知らずに物品を引き渡してしまうこともあるため、特定商取引法では、事業者が消費者から直接物品の引渡しを受けるときに、事業者が引渡拒絶権について消費者に告知するよう義務付けています。

　なお、契約書面や申込書面には、書面をよく読むべきことを赤枠の中に赤字で記載することに加えて、クーリング・オフや引渡拒絶権に関する事項を赤枠の中に赤字で記載することが必要とされています。

■ **申込時、または契約締結時に交付する書面の記載事項**

- 物品の種類、物品の購入価格
- 物品の代金の支払時期及び支払方法
- 物品の引渡時期及び引渡しの方法
- クーリング・オフに関する事項
- クーリング・オフ期間中の物品の引渡しの拒絶に関する事項
- 購入業者の氏名（名称）、住所、電話番号、法人の場合には代表者の氏名
- 売買契約の申込みまたは締結を担当した者の氏名
- 売買契約の申込みまたは締結の年月日
- 物品名、物品の特徴
- 物品やその附属品に商標、製造者名、販売者名の記載または型式がある場合には、その商標、製造者名、販売者名、型式
- 契約の解除に関する定めがあるときは、その内容
- 特約があるときは、その内容

訪問購入に関する契約をクーリング・オフする場合には、いつまでに行う必要がありますか。

原則として、契約書面受領後8日以内に行う必要があります。

　訪問購入が特定商取引法の取引類型として追加された際、クーリング・オフを行使できるという内容が盛り込まれました。そのため、訪問購入の売主（消費者）は、売買契約の申込み後あるいは契約締結後でも、無条件に申込みの撤回もしくは契約の解除を行うことができます。訪問購入におけるクーリング・オフの期間は、原則として消費者側が法令に規定された内容を記載した契約書面（契約書面を受け取る以前に申込書面を受領していれば申込書面）を受領した日から起算して8日以内です。

　訪問購入の売主は、買主である事業者に対し、売買契約の申込みの撤回または売買契約の解除を書面で通知することによって、クーリング・オフを行うことができます。クーリング・オフは書面を発したときにその効力が生じますので（発信主義）、消印がクーリング・オフ期間内であれば、事業者に届くのが期間経過後であってもクーリング・オフが認められます。

　クーリング・オフを行うと、売買契約の申込みまたは売買契約が最初からなかったとみなされます。したがって、相手方から交付を受けた代金や物品は、それぞれ売主・買主の元に速やかに戻されなければなりません（原状回復義務）。クーリング・オフの行使による損害賠償請求権などは発生しません。

訪問購入について、クーリング・オフ期間が経過した場合でも、クーリング・オフが認められる場合はありますか。

クーリング・オフ妨害が行われた場合、期間経過後もクーリング・オフが可能です。

　クーリング・オフの行使は、法律によって守られた消費者の権利です。訪問購入のクーリング・オフ期間は、8日です。クーリング・オフの行使を認めない特約、クーリング・オフ期間を8日よりも短く設定する特約、クーリング・オフ期間中の引渡拒絶権を認めない特約など、クーリング・オフに関して消費者に不利な内容の特約は無効となります。

　そして、クーリング・オフ期間を経過すると、消費者はクーリング・オフを行使できなくなるのが原則です。しかし、事業者がクーリング・オフ妨害を行った場合には、申込書面や契約書面の交付を受けた日から起算して8日を経過した後であっても、例外的にクーリング・オフを行うことが認められます。

　クーリング・オフ妨害の例として、不実告知や事業者が威迫することで消費者が困惑した場合などが挙げられます。クーリング・オフ妨害に該当する行為が認められると、その行為の時点でクーリング・オフ期間がゼロに戻ります。その後、クーリング・オフが可能であることなど必要事項を記載した書面（クーリング・オフ妨害解消のための書面）を事業者が交付すれば、クーリング・オフ期間が再度進行することになります。

訪問購入に関する契約により購入した業者が第三者に物品を売却する場合に、消費者に通知する義務はありますか。

クーリング・オフに備えて、消費者への通知義務が生じます。

　訪問購入に関する契約がクーリング・オフされた場合、事業者は引渡しを受けていた物品を消費者に返還し、消費者は事業者に対して受領した代金相当額を返還しなければなりません。当事者が事業者と消費者のみである場合には、クーリング・オフが行われても、法律関係は単純です。

　しかし、物品の引渡しを受けた事業者が、その物品を第三者に転売した場合には、法律関係が複雑になります。クーリング・オフについて、第三者が知っているか落ち度があって知らなかった場合には、消費者は物品を第三者から返還してもらうことができますが、第三者が落ち度なく知らなかった場合には、消費者は第三者に物品の返還を求めることができなくなります。第三者に返還を求めることができる場合であっても、消費者と法律的に無関係な第三者の存在やアクセス方法を知る手段がないため、実際には第三者から返還を求めることが困難になってしまいます。

　そこで、訪問購入によって物品を受け取った事業者は、クーリング・オフ期間中に第三者に物品を引き渡した場合、売主である消費者に対し、次のような事項を通知しなければなりません。
・第三者の氏名（法人の場合は名称、代表者の氏名）、住所および電話番号

第3章 ● 特定商取引法【訪問販売・通信販売・電話勧誘販売など】　123

- 物品を第三者に引き渡した年月日
- 物品の種類
- 物品の名称、商標、製造者名、販売者名または型式など
- 物品の特徴
- その他第三者への物品の引渡しの状況を知るために売主にとって参考となるべき事項

　さらに、訪問購入によって物品を受け取った事業者が、クーリング・オフ期間中に第三者に物品を引き渡す場合には、第三者にも通知が義務付けられています。その際、下図で示した内容を記載した書面をもって通知しなければなりません。この第三者への通知により、消費者（売主）がクーリング・オフを行使した際、返還されるべき物品が「何も知らない第三者に引き渡されて分解された後だった」などの事情で、返還を受けることができなくなるというリスクを防止することができます。

■ **第三者への通知に記載する事項**

① 引き渡した物品は訪問購入によって引渡しを受けた物品であること
② クーリング・オフ期間中は、売主がクーリング・オフを行使する可能性があること
③ 勧誘の際、禁止行為違反の行為があった場合には解除できること
④ 書面を交付した年月日
⑤ 購入業者の氏名（法人の場合は名称、代表者の氏名）、住所及び電話番号
⑥ 物品を第三者に引き渡す年月日
⑦ 物品の種類
⑧ 物品の名称、商標、製造者名、販売者名など
⑨ 物品の特徴
⑩ 物品やその附属品に商標、製造者名、販売者名の記載または型式がある場合には、その商標、製造者名、販売者名、型式

Q27 訪問購入に関する契約の中で、違約金に関する規定が設けられています。消費者は事業者のいうとおりに支払わなければなりませんか。

違約金や損害賠償額について上限が規定されています。

　訪問購入では、契約書面などに法外な違約金や損害賠償金（賠償額の予定）に関する条項を設けて、消費者（売主）が解約できないようにするといった行為が問題視されていました。

　特定商取引法では、クーリング・オフ期間の経過後、消費者（売主）による物品引渡しの遅延などの債務不履行を理由に、事業者（買主）が売買契約を解除した場合における違約金や損害賠償額について上限を設けています。具体的には、一定額を超える違約金や損害賠償額の定めについて、消費者に一方的に不利な内容の契約条項を無効としています。

　たとえば、事業者の代金支払後に、消費者の債務不履行を理由として売買契約が解除された場合、消費者が事業者に対して支払義務を負う違約金や損害賠償額の上限は「代金に相当する額に法定利率による遅延損害金の額を加算した金額」となります。

　これに対し、事業者が代金を支払っていない場合、消費者が事業者に対して支払義務を負う違約金や損害賠償額の上限は「契約の締結や履行に通常要する費用の額に法定利率による遅延損害金を加算した金額」となります。つまり、事業者が代金未払いであるときは、消費者側に請求できる金額がより限定されます。

第3章 ● 特定商取引法【訪問販売・通信販売・電話勧誘販売など】　125

通信販売の対象について特定商取引法は制限を設けているのでしょうか。

すべての商品・役務が対象ですが、権利については、特定権利のみが対象に含まれます。

　通信販売とは、消費者が新聞・雑誌・テレビ・カタログ・インターネット・電子メールなどを見て、郵便・電話・FAX・インターネット・電子メールなどを通じて購入の申込みをする販売形態をいい、特定商取引法で規定されています。最近では、インターネットの普及により、ネットショッピングが増えています。

● どんな問題点があるのか

　通信販売には、実際に手にとって商品を確かめることができないという弱点があります。広告には、商品のよい面が載せられており、写真があるにせよ、もっとも見栄えのよい状態で載せられていることが多いようです。商品説明も、100％正しいというわけではないかもしれません。また、店舗で商品を見定めるときのように、気軽に販売員に質問をするということもできません。このような状況で購入する場合、商品が届いてみると、自分の思っていたものと違う、と感じることもあります。

　以上のような通信販売独特のトラブルもあり、特定商取引法は通信販売にさまざまな規制をしています。また、経済産業省令（特定商取引に関する法律施行規則）による規制もあります。

　さらにインターネットの普及は、通信販売の形態に、一層の変化をもたらしています。たとえば、音楽や映画などのデジタルコ

ンテンツの販売については、契約の締結だけではなく、商品の引渡しにあたるダウンロードについても、インターネット上で完結するという特色があります。

● **権利については特定権利に限定されている**

原則として、どんな商品やサービス（役務）を扱っても特定商取引法が適用されます。ただし、権利の販売については、特定権利（86ページ）を扱う場合に限り特定商取引法が適用されます。

そのため、権利を購入する場合には、扱う権利が特定権利に該当するかチェックするようにしましょう。

● **特定商取引法の適用が除外されるものもある**

通信販売で商品を販売しても、特定商取引法が適用されない場合がいくつかあります。まず、特定商取引法は、事業者間取引には適用がありません。裏を返せば、企業と消費者との間の取引にのみ適用されるということです。また、海外の人に対して商品を販売する場合や事業者が従業員に商品を販売する場合などにも、特定商取引法は適用されません。他の法律により消費者保護が図られているものについても適用されません。

■ **通信販売のしくみ**

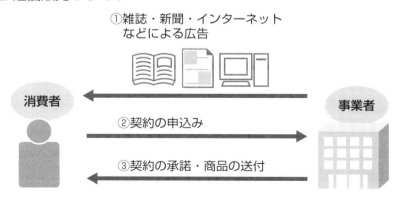

通信販売における返品制度とクーリング・オフはどのような違いがあるのでしょうか。

事前に返品不可であると広告で示されている場合、返品制度の利用ができません。

　返品というと通常はクーリング・オフを思い浮かべますが、通信販売はクーリング・オフが認められていません。なぜなら、訪問販売などのケースと異なり、通信販売では、消費者が自主的に契約の締結を望むことから、取引が開始されるのが通常であるため、消費者が、意図しない契約に巻き込まれるという事態は考え難いためです。そのため、原則として無条件で契約から離脱できるクーリング・オフは、通信販売については認められていません。

　そのため、以前は商品が届いてから「これは思っていたものと違う」と感じ、返品したいと思ったものの業者が応じないというトラブルが頻発し、問題となっていました。

　そこで、通信販売では、返品制度が導入されています。返品制度とは、通信販売により購入した商品・特定権利について、消費者が事業者に返品することで、売買契約の申込みの撤回、あるいは、売買契約の解除を認める制度です。つまり、通信販売で購入した商品の到着後、8日以内であれば、購入者の負担で返品することを認める制度です。注意が必要なのは、通信販売の対象が役務である場合には、返品制度は利用できないということです。役務について返品制度の対象外とされているのは、契約の解除によって、すでに受けたサービスを返還するということが、現実的

に困難であることなどが挙げられます。

　ただし、通信販売の広告に、あらかじめ「返品できない」ことが記載されている場合には、返品制度を利用した返品ができません。この点がクーリング・オフとの違いといえるでしょう。事業者としては、ホームページやカタログなどに、あらかじめ返品制度の利用の可否について記載しておくことが大切です。

　ただ、返品不可とする表示をしても、事業者が消費者に対して提供したものが債務の本旨に従ったものでない場合（破損や欠陥がある場合など）には、消費者が民法の債務不履行責任に基づいて契約を解除すると、原状回復として商品や特定権利の返品に応じなければならないことに注意を要します。

　たとえば、消費者が事業者に対して商品の債務不履行責任を追及するとき、まずは期間を決めて欠陥や破損などがない商品を提供するよう請求します。それでも商品が提供されなければ、履行が遅れている（履行遅滞）として契約を解除します。契約の解除によって、消費者は商品の返品が可能になります。一方、事業者は代金を受領済みであれば、消費者への返還を要します。

■ **通信販売と返品制度** ……………………………………………

①通信販売による商品の購入契約

クーリング・オフ

消費者　　②商品到着後8日以内の商品の返品　　事業者

ただし、広告で「返品不可」と
明記している場合は返品制度の利用不可！

第3章 ● 特定商取引法【訪問販売・通信販売・電話勧誘販売など】

ネットの通信販売で販売した品物に欠陥がありました。返品や交換の請求を受けることがありますか。

商品に欠陥があった場合には、返品や交換の請求を受ける可能性があります。

　通信販売は消費者の判断で購入を決定できるため、クーリング・オフ（一定期間内であれば事由に関係なく申込みの撤回や契約の解除ができる制度）は認められていません。

　また、単純に商品が気に入らないという理由だけで、消費者が返品できるかどうかは、返品制度の利用が可能であるか否かによります。通信販売の場合は、商品の広告に「返品できない」という記載を欠くと、商品に欠陥があるか否かにかかわらず、特定商取引法上の返品制度が適用されます（128ページ）。

　それでは、欠陥商品について交換や返品の請求を受けることはあるのでしょうか。たとえば、ネットショップで販売した新品のマフラーにほつれがあった場合、マフラーに欠陥があるわけですから、事業者（売主）は通常の品質の商品を提供したとはいえません。特にマフラーは新品であり、原則として同じ種類の別のマフラーを買主に送ることができますので、事業者は、欠陥のない新しいマフラーとの交換を請求されることがあります。

　一方、欠陥のない新しいマフラーと交換ができなければ、消費者から債務不履行責任に基づく契約の解除が行われ（前ページ）、マフラーの返品と代金の返還を請求される可能性があります。

通信販売の広告に記載しなければならない事項について、特定商取引法は規定を置いているのでしょうか。

販売価格や代金の支払方法など、記載事項に関する規定が設けられています。

　通信販売では、消費者は広告を見ることで商品を購入するかどうかを判断します。そこで、特定商取引法は、原則として通信販売を行う際の広告について、以下に記載する一定の事項を表示することを義務付けています（特定商取引法11条）。この一定の事項のことを必要的記載事項といいます（133ページ図）。書面やインターネットのホームページには「特定商取引法に基づく表示」（252ページ参照）が掲載されていることも多いので、消費者は、それらの表示を見て取引内容を判断することができます。

●販売価格について
　商品の価格が曖昧に書かれていて、実際に取引するまで正確な値段がわからなければ、消費者は不安になります。そこで、商品の販売価格は、消費者が実際に支払うべき「実売価格」を記載することになっています。希望小売価格、標準価格などを表示していても、実際にその金額で取引されていなければ、「実売価格」を表示したとはいえません。また、消費税の支払いが必要な取引では、消費税込の価格を記載する必要があります。

●送料について
　購入者が送料を負担する場合は、販売価格とは別に送料を明記する必要があります。送料の表示を忘れると、「送料は販売価格

に含まれる」と推定され、結果として送料を請求できなくなるおそれがあります。送料は、顧客が負担すべき金額を具体的に記載すべきであるため、「送料は実費負担」という記載は、具体性を欠くため不適切です。ただし広告のスペースには限りもあるため、送料の最高額と最低額の表示などで認められる場合もあります。

●**その他負担すべき金銭について**

「その他負担すべき金銭」は、販売価格と送料以外で、購入者が負担すべきお金のことです。たとえば、「組立費」「梱包料金」「代金引換手数料」などが代表的なものです。取引にあたっては「組立費」「梱包料金」などの金額につき、費用項目を明示して、具体的な金額を記載する必要があります。

●**代金（対価）の支払時期について**

消費者が代金をいつ支払うかは、取引の重要事項なので、具体的に表示する必要があります。代金の支払時期には、前払い、後払い、商品の引渡しと同時（代金引換）などいくつかのパターンがあります。たとえば、後払いでは、「商品到着後、1週間以内に同封した振込用紙で代金をお支払いください」と記載します。一方、代金引換の場合は、「商品到着時に、運送会社の係員に代金をお支払いください」などと記載します。

●**商品の引渡し時期について**

通信販売は、注文のあった商品が消費者のもとに届くまでにどのくらいの期間がかかるかを明確に表示する必要があります。具体的には、商品の発送時期（または到着時期）を明確に表示します。前払いの場合には、「代金入金確認後〇日以内に発送します」と記載します。一方、代金引換の場合は、「お客様のご指定日に商品を配送します」と表示します。

●**代金（対価）の支払方法について**

代金の支払方法が複数ある場合には、その方法をすべて漏らさ

ずに記載する必要があります。たとえば、「代金引換、クレジット決済、銀行振込、コンビニ決済、現金書留」のように、支払方法をすべて列挙します。

●**返品制度に関する事項**について

返品制度とは、商品や特定権利に欠陥などがない場合にも、販売業者が返品に応じるという特約のことです。返品制度については、その有無を明確に記載する必要があります。

具体的には、どのような場合に返品に応じて、どのような場合に応じないのかを明確に記載します。返品に応じる場合には、返品にかかる送料などの費用の負担についても明記します。たとえば、返品特約がある場合には、「商品に欠陥がない場合にも○日以内に限り返品が可能です。送料は、商品に欠陥がある場合には当方負担、欠陥がない場合には購入者負担とします」と記載します。

■ **通信販売における広告の必要的記載事項**

①商品、権利の販売価格または役務の対価(販売価格に商品の送料が含まれない場合には、販売価格と商品の送料)
②商品・権利の代金または役務の対価についての支払時期と支払方法
③商品の引渡時期、権利の移転時期、役務の提供時期
④返品制度に関する事項
⑤販売業者・サービス提供事業者の氏名(名称)、住所および電話番号
⑥ホームページにより広告する場合の代表者・責任者の氏名
⑦申込みの有効期限があるときは、その期限
⑧購入者の負担する費用がある場合にはその内容と金額
⑨契約不適合(瑕疵担保)責任についての定めがある場合にはその内容
⑩ソフトウェアに関する取引である場合のソフトウェアの動作環境
⑪商品の販売数量の制限、権利の販売条件、役務の提供条件がある場合はその内容
⑫広告の表示を一部省略する場合の書面請求について費用負担がある場合にはその費用
⑬電子メール広告をする場合には電子メールアドレス

通信販売に関する広告の記載事項について省略が認められる場合があるのでしょうか。

消費者の請求に応じて文書などを送付可能であれば、記載事項の省略も可能です。

個人事業者の場合には、氏名（または登記された商号）、住所及び電話番号を記載します。一方、法人では、名称、住所、電話番号、代表者の氏名（または通信販売業務の責任者の氏名）を記載します。「氏名（名称）」は、戸籍上または商業登記簿に記載された氏名または商号を記載します。通称、屋号、サイト名の記載は認められません。「住所」「電話番号」は、事業所の住所・確実につながる電話番号を記載します。住所は、実際に活動している事業所の住所を省略せずに正確に記載します。

インターネットのホームページの場合には、画面がどんどん変わっていきますが、事業者の氏名、住所、電話番号等については、消費者が見たいと思った時にすぐに探せるように、原則として画面上の広告の冒頭部分に表示しなければなりません。

●通信販売に関する業務責任者の氏名

通信販売を手がける法人事業部門の責任者（担当役員や担当部長）の氏名を記載します。実務上の責任者であればよいので、会社の代表権を持っている必要はありません。前述した事業者の氏名、住所、電話番号と同様、責任者の表示についても、画面上の広告の冒頭部分に表示することが求められています。

●契約不適合（瑕疵担保）責任についての定め

契約不適合責任とは、商品の種類・品質などが契約の趣旨に適合しない場合に、販売業者が負う責任のことです。契約不適合責任に関する特約がある場合にはその内容を記載する必要があります。事業者の契約不適合責任をすべて免除する内容の特約は、消費者契約法によって無効となりますので注意してください。特約の記載がない場合には、民法の原則に基づいて処理されます。

●必要的記載事項を省略できる場合もある

広告スペースなどの関係で、必要的記載事項をすべて表示することが難しい場合には、以下の要件を満たせば、表示を一部省略できます。まず、広告上に、「消費者からの請求があった場合には必要的記載事項を記載した文書または電子メールを送付する」ことを記載する必要があります。次に、あわせて実際に消費者から請求があった場合に、必要的記載事項を記載した文書や電子メールを遅滞なく送付できるような措置を講じていなければなりません。「遅滞なく送付」とは、消費者が購入を検討するのに十分な時間を確保できるようになるべく早く送付するという意味です。商品の購入に関して、申込期限がある場合に特に重要です。

■ 必要的記載事項の省略

原則として必要的記載事項の広告が必要

請求があった場合に文書や電子メールで
提供する措置をとっていれば一部事項の記載省略が可能

ただし、その場合でも、133ページ表の④返品制度に関する事項、⑦申込みの有効期限があるときのその期限、⑩ソフトウェアの動作環境、⑪販売数量の制限などの条件、⑫書面請求について費用負担、⑬電子メール広告をする場合の電子メールアドレス、については省略することは認められない

通信販売に関する広告などについて、特定商取引法はどのような行為を禁止していますか。

誇大広告等や消費者の意図しない契約の申込みを促す行為を禁止しています。

　特定商取引法は、通信販売についても誇大広告等を禁止しています。違反した事業者は、業務停止命令などの行政処分や罰則の対象になります。誇大広告等にあたる行為は「著しく事実と異なる表示」をすること、または「実際のものよりも著しく優良もしくは有利であると誤認させる表示」をすることです。「著しい」といえるか否かは、消費者の視点から判断されます。つまり、消費者の理解や認識を基に、表示が事実と異なることを知っていたら（あるいは、実際にはその商品が優良・有利ではないことを知っていたら）、通信販売に基づく契約を結ばなかったと認められる場合には、事業者の表示と事実の間に食い違いが「著しい」ということができます。

　また、誇大広告等は、以下の４つの事項に関して、著しく事実と異なる表示などを行った場合に問題になります。

　４つの事項とは、①商品・役務・特定権利の種類・品質・性能・内容などに関する事項、②商品の原産地・製造地・製造者・商標に関する事項、③国・地方公共団体・著名人などの関与に関する事項（商品の信用を高めるために、「経済産業省推薦」とウソをつくような場合があてはまります）、④特定商取引法11条が定める広告に関する必要的記載事項のことを指します。

インターネットで、消費者に指示通りの操作を行わせて、契約を申し込んだ状態にすることは、法的に問題があるのでしょうか。

消費者の意思に反して申込みをさせようとする行為は禁止されています。

　インターネット通販では、気がつくと商品の購入を申し込んでしまっていることがあります。そこで、特定商取引法はインターネット通販に関して、以下の行為を「消費者（顧客）の意に反して申込みを行わせようとする行為」として禁止しています。詳細については「インターネット通販における『意に反して契約の申込みをさせようとする行為』に係るガイドライン」で示されています。
① 　有料の取引の申込画面であることを、消費者側が簡単にわかるように表示していないこと。
② 　消費者が申込みの内容を簡単に確認し、かつ訂正できるような措置を講じていないこと。

　注意が必要なのは、特定商取引法が規制するのは、事業者が用意したインターネット上の申込画面（注文フォームなど）を通じて、消費者が契約の申込みを行う場面に限られる点です。たとえば、インターネット通販であっても、消費者が任意に作成した電子メールによって契約の申込みを行った場合には、事業者が消費者の意思に反して契約の申込みを指示したとはいえません。

　事業者としては、適切な申込画面（注文フォームなど）を作成するには、そのページが申込画面であると一目見てわかるように設計・表示することです。たとえば、申込みの最終段階で「注文

内容の確認」というタイトルの画面（最終確認画面）を表示します。そして、最終確認画面上に「この内容で注文を確定する」と書かれたボタンを設置して、顧客がボタンをクリックすると申込みが完了するしくみにします。

また、申込内容を消費者が簡単に確認かつ訂正できるしくみにすることも重要です。最終確認画面上に申込内容（注文内容）が表示されるようになっていれば、注文前に消費者がすぐに申込内容を確認できます。さらに、最終確認画面上に「変更」「取消」ボタンを設置して、それらのボタンをクリックすれば、顧客が申込内容を簡単に訂正・削除できるようにします。

その他、インターネットの画面上に、実際には無料ではないにもかかわらず、消費者が無料でると誤解してしまうおそれがある表示を行ったり、有料であることを隠した表示を行った場合も、同様に規制の対象に含まれます。

■ 最終確認画面

注文内容の確認

ご注文内容の最終確認となります。
下記のご注文内容が正しいことをご確認の上、「この内容で注文を確定する」をクリックしてください。

ご注文商品・価格・個数	○○○○　2500円（税込）　1つ
お届け先	〒000-0000 東京都○○区××1-2-3　○○○○
送料・お支払い方法	送料無料　代引き（手数料○○○円）

［内容を変更する］　　［この内容で注文を確定する］

［TOPに戻る（注文は確定されず、注文が取り消されます）］

通信販売において、電子メールの広告に関する規制は置かれていますか。電子メールの広告を送信できる場合もありますか。

迷惑メールの送信などを除き一定の場合には電子メール広告の送信が可能です。

　最近では、電子メールで通販業者からの広告メールが来ることも多くあります。しかし、消費者にとっては、頼んでもいない広告メールがたくさん送られてくるのは迷惑でしかありません。そこで、特定商取引法は、電子メール広告を送信する前にあらかじめ消費者の「請求や承諾」を得ることを義務付け、こうした請求や承諾を得ていない電子メール広告の送信を原則として禁止しています（オプトイン規制）。

　ただし、次の場合には、事前の請求・承諾がなくても電子メール広告の送信が可能です。まず、契約の内容確認や契約履行などの重要な事項に関する通知に付随して、電子メール広告を行う場合です。次に、フリーメールサービスなどの無料サービスに付随して電子メール広告を行う場合も、オプトイン規制の適用除外となります。結局、通信販売の販売業者・役務提供事業者は、法令で定められた例外に該当する場合を除いて、相手方となる消費者の承諾を得ないで電子メール広告を行うことができないことになります。FAXにより広告を送る行為についても、原則として相手方の承諾を得ずに行うことができません。

●請求・承諾を得る方法と記録の保存
　電子メール広告を行うかどうかの消費者の請求・承諾について

は、消費者の自主的な判断によってなされる必要があります。
　電子メール広告について、消費者が正しい判断を行うために、事業者が注意すべきことがあります。ある操作を行うと電子メール広告を請求・承諾したことになるという事実が、すぐにわかるような画面を作成することです。
　具体的には、商品購入に関するホームページにおいて、消費者から広告メールを送信することについての承諾を得る場合、消費者が購入者情報を入力する画面に広告メールの送信を希望する欄のチェックがあらかじめ入っていて、希望しない場合に購入者がチェックを外す方式をデフォルト・オンといいます。一方、広告メールの送信を希望する欄のチェックがあらかじめ入っておらず、希望する場合に購入者がチェックをいれる方式をデフォルト・オフといいます。
　デフォルト・オフの方式は、何もしなければ電子メール広告が配信されないので、原則として特定商取引法に違反しないと考えられます。デフォルト・オンの方式についても、一応は消費者が電子メール広告の受信の有無を決定できることから、直ちに特定商取引法に違反するとはいえません。しかし、消費者がインターネットの画面上で、表示された文字を詳細に読み込むことが実際に困難な場合もあります。そのため、チェックを外す項目を画面全体の表示色とは違う表示色で表示するなど、消費者が認識しやすいように明示し、それを最終的な申込みにあたるボタンに近い箇所に表示するとよいとされています。
　ただし、次の２つの表示方法は、消費者が電子メールの送信を承諾することの表示（承諾表示）を見落としてしまう可能性があるので不適切です。具体的には、①膨大な画面をスクロールしないと承諾表示に到達できない場合と、②画面の見つけにくい場所に読みにくい文字で承諾表示がされている場合です。

さらに、通信販売業者は、電子メール広告について消費者の請求・承諾を得たことを証明する記録を保存しなければなりません。たとえば、ホームページの画面上で請求・承諾を得た場合には、請求・承諾を証明する文書や電子データ等を保存しておく必要があります。

■ オプトイン規制とオプトアウト規制

オプトイン規制	オプトアウト規制
意思を表示していない者に対しては送信不可 事前に請求・承諾した者に対しては送信可という規制	意思を表示していない者に対しては送信可 「送信しないでほしい」という意思を表示した者に対しては送信不可という規制

※特定商取引法はオプトイン規制を採用（例外あり）

■ デフォルト・オフとデフォルト・オン

●デフォルト・オフの例

　　資料を請求いただいた方に最新情報について掲載したメールを配信させていただいております。
　　→ □ 配信を希望する
　　[送信]

└デフォルト・オフの場合、配信を希望する人がチェックすることになる

●デフォルト・オンの例

　　資料を請求いただいた方に最新情報について掲載したメールを配信させていただいております。
　　→ ☑ 配信を希望する（希望しない方はチェックを外して下さい）
　　[送信]

└デフォルト・オンの場合、配信を希望しない人がチェックを外すことになる

Question 36 広告メールの配信停止を希望する消費者のために、事業者は連絡先のアドレスなどを表示する義務を負いますか。

 連絡先をわかりやすく明示する義務を負います。

　消費者が、不要な広告メール（電子メール広告）を受信し続けなければならないという不都合をなくすためには、メール配信を停止する方法を消費者が知っておく必要があります。

　そこで、特定商取引法では、電子メール広告に消費者が広告の配信停止を希望する場合の連絡先を記載する決まりになっています。具体的には、連絡先となる電子メールアドレスやホームページアドレス（URL）を表示します。電子メールアドレスとURLは、簡単に探せる場所にわかりやすく記載します。たとえば、電子メール広告の本文の最前部か末尾などの目立つ場所に表示すれば、消費者は簡単に見つけることができます。また、広告の配信停止用のアドレスと、その他の連絡先のアドレスを区別している場合、通常の連絡先のアドレスのみを記載してはいけません。

　一方、膨大な画面をスクロールしないと電子メールアドレスやURLに到達できない場合は、不適切な記載になります。文中に紛れ込んでいて、他の文章と見分けがつかない場合も適切な表示とはいえません。消費者が電子メール広告の配信停止を希望する意思を表明したときは、事業者はその消費者に電子メール広告を送信できません。受信を拒否している消費者に電子メール広告を送信した事業者は、指示や業務停止命令などの対象になります。

特定電子メール法による規制と特定商取引法による広告メールの規制にはどのような違いがあるのでしょうか。

対象の事業者や規制対象に含まれる内容に違いがあります。

電子メール広告は、特定商取引法の他に、特定電子メール法(特定電子メールの送信の適正化等に関する法律)という法律によって規制されています。特定商取引法は、広告主である通信販売や連鎖販売取引などの事業者を規制の対象にしています。一方、特定電子メール法は、商品や役務の内容に関する広告に限らず、広く営利を目的とした広告メールの送信者を規制する法律です。そのため、商品や役務とは無関係に、自社のアピールを目的とする広告も規制対象に含まれます。したがって、通信販売をするネットショップが自ら電子メール広告を送信する場合、特定商取引法と特定電子メール法の両方が適用されます。特定電子メール法の電子メール広告規制のポイントは次の4つです。

① 原則としてあらかじめ送信を同意した消費者に対してのみ電子メール広告の送信を認めていること
② 消費者からの同意を証明する記録の保存を義務付けていること
③ 広告宣伝メールの受信拒否の通知を受けた場合には、以後のメール送信を禁止していること
④ 広告宣伝メールに、送信者の氏名・名称、受信拒否の連絡先を表示しなければならないこと

第3章 ● 特定商取引法【訪問販売・通信販売・電話勧誘販売など】 143

通信販売で、代金を支払った後に商品が送られてくる販売形式について、特定商取引法はどのような規定を置いていますか。

消費者が先に代金を支払う販売形式で、事業者は承諾の通知義務を負います。

　前払式通信販売とは、消費者が商品を受け取る前に代金を支払うという販売方法です。代金の一部を支払うこともあれば、全額を支払う場合もあります。消費者にとっては商品が届くまでは不安がつきまとう反面、事業者にとっては、商品の代金を支払ってもらえないというリスクがないため、安心で便利な販売方法といえます。ただし、前払式通信販売という形態を悪用して、消費者からお金をとっておきながら「商品を送らない」「役務（サービス）を提供しない」などのトラブルも発生しがちなため、特定商取引法では、前払式通信販売について規定を設け、事業者に通知義務などを課して消費者保護を図っています。

　事業者の行う前払式通信販売が、商品・特定権利・役務について、申込みをした消費者から、その商品の引渡し・権利移転・役務提供をする前に、代金・対価の一部または全部を受け取る形態の通信販売を行う場合には、事業者は消費者に対して通知をしなければなりません。具体的には、消費者から実際に申込みを受け、その代金・対価の一部または全部を受け取った場合に承諾についての通知をすることになります。

　一般の通信販売では、消費者の郵便や電話などによる申込みに対して、事業者による商品の送付や役務の提供が行われれば、そ

の行為が承諾の意味を持ちます。この場合は、申込みに対する承諾と契約の履行行為が同時に行われることになるので、承諾の通知は不要です。

しかし、前払式通信販売においては、申込みに対して事業者が承諾したのかどうかがわからないまま、消費者が代金・対価を支払っている状態になっています。これでは商品の引渡しなどが行われない可能性があり、消費者が不安定な立場に立たされるので、特定商取引法は前払式通信販売を行う場合に、事業者に対して承諾についての通知義務を課しています。

● **通知の内容・方法とは**

事業者が通知すべき内容は、①申込みの承諾の有無、②代金を受け取る前に承諾の有無を通知しているときは、その旨、③事業者の氏名（名称）、住所、電話番号、④受領した金銭の額、④金銭を受領した年月日、⑤申込みを受けた商品とその数量（権利、役務の種類）、⑥申込みを承諾するときは、商品の引渡時期（権利の移転時期、役務の提供時期）です。そして、特定商取引法では「遅滞なく」通知することを義務付けているので、書面では郵送等の日数を考慮して3〜4日程度、電子メール等であれば1〜2日以内に通知をする必要があるといえるでしょう。

■ **前払式通信販売のしくみ・トラブル**

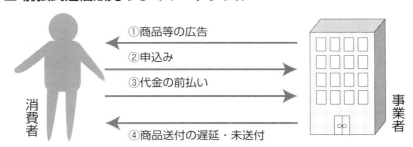

第3章 ● 特定商取引法【訪問販売・通信販売・電話勧誘販売など】 145

ネットオークションでは、個人同士の取引であるにもかかわらず、特定商取引法が適用される場合があるのでしょうか。

取引の回数が多いときは、特定商取引法の対象に含まれる場合があります。

　インターネット上での取引で主流となっているものに、ネットオークションがあります。
　ネットオークションを通じて販売を行っている場合、特定商取引法の対象となる場合があります。個人が年に数回ネットオークションで不要品を出品する程度であれば、特定商取引法は適用されません。しかし、取引が頻繁になり、ネット通販業者と同程度の回数にまで達すると、特定商取引法が適用されます。
　経済産業省は、出品商品数と落札額の合計額が一定の水準を超える場合には、個人でも事業者に該当するとみなし、特定商取引法を適用するという方針を示しています。
　具体的には、出品数については「過去1か月に200点以上」または「ある時点で100点以上」商品を新規出品していることが、特定商取引法を適用する目安です。落札額の合計については「過去1か月に100万円以上」または「過去1年間で1,000万円以上」が適用の目安となります。また、特定のカテゴリー・商品について出品する場合でも、たとえば、CD・DVD・パソコン用ソフトについて、同一の商品を一時点において3点以上出品している場合には、事業者にあたると考えられています。

Question 40 ネットオークションで「ノークレームノーリターンでお願いします」といった表示を見かけることがありますが、本当に出品者には何も請求できないのでしょうか。

契約不適合責任に基づく契約の解除や損害賠償請求などができる場合があります。

ネットオークションにおいて、出品者と落札者との間には出品物の売買契約が結ばれたものと理解されます。したがって、落札者（買主）が出品者（売主）に代金支払義務を負う反面、出品者は出品物（目的物）を落札者に引き渡す義務を負います。

このとき、落札者が引き渡すべき出品物は、どんな物でも許されるわけではなく、出品者が売主としての法的責任を負わなければならないこともあります。特にネットオークションでは、中古品の売買が行われることが多いですが、出品物の説明文に記載されていなかったり、掲載した写真で明らかにされていなかった不具合・傷・汚れなど（不適合）がある場合、出品者は、民法上の契約不適合責任を負うことがあります。その他、出品物が他人の物であることや、出品物の数量が不足していることなども不適合にあたり、出品者は契約不適合責任を負うことがあります。

そして、契約不適合責任を負う出品者は、落札者から、履行追完請求（修理請求、代替物引渡請求など）、損害賠償請求、代金減額請求、契約の解除を受けます。

●「ノークレームノーリターン」特約の表示の効力

ここで問題とされている「ノークレームノーリターン」の表示（特約）とは、主にネットオークションにおいて、出品物が中古

品であることなどを理由に、落札者は、出品物に関するクレームを一切受け付けず、後から返品もできないことを入札の条件とする特約のことです。

「ノークレームノーリターン」特約は、前述した売主の契約不適合責任（担保責任）を免除する内容の特約であると考えられています。そして、個人同士の取引の場合は、双方合意の上で、契約不適合責任を免除する内容の「ノークレームノーリターン」特約をつけて売買契約を結ぶことは、法律上許されています。

このことから、個人間のネットオークションにおいて「ノークレームノーリターン」特約が付されており、これに承諾して落札者が入札をした場合には、たとえ出品物に何らかの不適合があったとしても、あらかじめ特約に承諾している落札者は、契約不適合責任の追及ができないと考えることも可能といえます。

●特約があっても出品者への責任追及が認められる場合

しかし、法律は不正な手段を用いて、信義に反する取引までを許すわけではありません。そもそも売買契約などで契約不適合責任が認められているのは、契約における両当事者の地位の均衡を保つためであると考えられています。

したがって、出品者は、出品物の不適合（説明文や写真に掲載していない不具合・傷・汚れなど）について、知っていながらもあえて落札者に告げなかった事情がある場合には、たとえ「ノークレームノーリターン」特約があっても、落札者に対し契約不適合責任を負います。この場合、落札者は、契約不適合責任に基づく契約の解除、損害賠償請求などができます。

その他、出品者が契約締結段階で、出品物の不具合・傷・汚れなどを説明しなかった事情が、出品者の詐欺か落札者の錯誤にあたる場合には、落札者による契約取消しの主張が認められる可能性もあります。

オークションサイトで出品していたブランド品がニセモノだった場合、消費者から取消請求を受けるでしょうか。

売主が事業者・個人にかかわらず、取消しの主張を受ける可能性があります。

インターネットオークションによる取引を中心に、ブランド品のコピー商品をだまされて（勘違いして）購入するというトラブルが少なくありません。この場合、出品者が事業者であれば、落札者である消費者は、特定商取引法や消費者契約法などを適用して契約を取り消すことができます。個人の場合でも、取引を繰り返しており営利目的が認められれば、事業者とみなされます。

たとえば、ブランド品の本物と称する財布を購入したが、届いた財布はニセモノだった場合には、重要事項に関する不実の告知にあたるので、消費者は、消費者契約法を適用して契約の取消しが可能です（消費者取消権、41ページ図）。

仮に、事業者とみなされない場合でも、消費者がブランド品だと信じてニセモノを購入したときは、民法上の錯誤の規定により契約が取り消されることがあります。さらに、売主（出品者）がニセモノだと知りながら売っていた場合には、民法上の詐欺の規定により契約を取り消されることもあります。

なお、オークションサイトを利用した売買では、相手方からの評価の履歴が表示されるのが一般的です。そのため、ニセモノを販売したことが評価履歴に残ると、今後のオークションサイトの利用に支障が生じることが考えられます。

Question 42 ネットオークションで使い物にならない商品を売ってしまった場合、どのような請求を受けるでしょうか。

Answer 消費者に対して商品の状態が良好であると事実と異なる内容を説明していた場合、契約を取り消される可能性があります。

インターネットオークションでは、個人も事業者も参加して取引が行われており、落札した商品が使い物にならないといったトラブルも起こっています。このようなトラブルに対し、出品者が個人の場合は、事業者にあたらないので、原則として民法が適用されます。具体的には、落札者から錯誤や詐欺による取消を主張されるおそれがあります。反対に、出品者が事業者の場合は、民法も適用されますが、特定商取引法や消費者契約法といった消費者を保護する法律が優先的に適用されます。

たとえば、出品者が事業者のときは、引渡後に発見された傷や汚れなどの不適合について一切責任を負わないという「ノークレームノーリターン」特約を掲げていた場合、これが事業者側の契約不適合責任を全部免除する条項であると認められると、消費者契約法によりその条項が無効になります。

また、事業者が出品者である場合、実際には商品が使い物にならないのに、その商品の状態が良好であると説明していたときには、重要事項について事実と異なることを伝えており、消費者に不利益になることを故意または重過失によって告げていないといえますので、消費者取消権を行使される可能性があります。

Question 43 事業者が突然かけてきた電話により商品を売り込む販売形式について、特定商取引法はどのような規制を置いていますか。

消費者に電話で商品を売り込む販売方法で、特定商取引法の適用対象になります。

　本ケースは、電話勧誘販売にあたります。電話勧誘販売とは、事業者が消費者の自宅や職場へ突然電話をかけて商品などを売り込み、それにより消費者が電話・FAX・メールといった通信手段で申し込む販売方法のことです。職場に電話をかけて、20～30代の若い人に資格取得講座などを売り込むケースや、自宅に電話をかけて、浄水器やハウスクリーニングなどの売り込みをするケースなどがあります。

　電話勧誘は事業者にとっては、簡単で低コストな営業手段です。しかし、電話勧誘が持つ特性上、消費者が十分納得しないまま、契約を締結させられてしまうトラブルが後を絶ちません。電話勧誘の特性とは、不意に商品を見せずに契約させることができる、密室の会話と同じく他者の介入を受けない、忙しいときでも会話を終わらせなかったり何度も繰り返し電話をかけたりすると断りにくい状況が作り出せる、といったことです。

　電話勧誘販売の勧誘とは、事業者が消費者の契約意思を決める過程に影響を与える程度の進め方のことです。「今回特別にこのお値段で提供します。今がチャンスですよ」と安さを強調したり、「これを使えばお肌が見違えてきます」というように、役に立つ商品であると強調することなどが勧誘にあたります。「カタログ

をぜひご覧ください。ご注文をお待ちしています」というように、消費者の自由な意思決定を促すことは、勧誘にあたりません。

● **法規制はどうなっているのか**

電話勧誘販売については、以下の3つのいずれかにあたる事業者の販売方法に対して特定商取引法が適用されます。

① 電話で契約の締結について勧誘を行う。
② DM、FAX、電子メール、チラシなどで、契約締結の勧誘という目的を隠して電話をするよう促したり、「抽選で商品を安価で購入する権利が当たったので電話してほしい」などとだましたりして、消費者に電話をかけさせる。
③ 顧客から郵便等で契約の申込みを受け、商品・特定権利の販売や役務の提供を行う。

● **電話勧誘販売の対象**

電話勧誘販売の対象がどんなものであっても、原則として特定商取引法が適用されます。ただし、権利の販売については、特定権利だけが対象になります。具体的には、スポーツジムの会員権や演劇鑑賞権、社債や株式などです。

■ 電話勧誘販売のしくみ

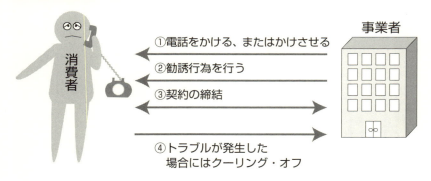

Question 44 事業者が電話をかけて商品を売り込む販売形式で、事業者はどのような義務を負うのでしょうか。

氏名の表示義務や不実告知の禁止などが規定されています。

本ケースのような電話勧誘販売については、①氏名等の明示義務、②勧誘継続、再勧誘の禁止、③指定事項を記載した書面の交付義務、④前払式電話勧誘販売における承諾等の通知義務、⑤不実のことを告げる行為、故意に事実を告げない行為、強迫行為の禁止といった規制が設けられています。

●氏名等の明示義務とは

販売業者または役務提供事業者は、電話勧誘販売をするとき、勧誘に先立って、①事業者の氏名または名称、②勧誘を行う者の氏名、③商品・特定権利・役務の種類、④電話が勧誘を目的とするものであること、について伝えなければなりません。

つまり、相手が電話に出たら最初に会社名と担当者の氏名を名乗り、「○○という商品をご紹介させていただこうと思い、お電話いたしました」などと、勧誘が目的の電話であることを告げなければならないのです。関係のない世間話を延々としてから勧誘する行為や、アンケート調査を装って会話に引き込んだところで勧誘するなどの行為は、特定商取引法違反です。

●勧誘継続・再勧誘の禁止とは

電話勧誘販売において、消費者が契約を締結しないという意思を示した場合、事業者は、その契約について勧誘を続けたり、再

第3章 ● 特定商取引法【訪問販売・通信販売・電話勧誘販売など】 153

度勧誘の電話をしてはいけません。

　契約を締結しない意思表示とは、「契約を締結しません」と明示的に示される場合に限らず、「いりません」「興味がありません」「契約しません」といった言葉です。また、「もう電話しないでください」「迷惑です」と告げることや、黙示で事業者とのやりとり自体を拒絶することも、契約を締結しない意思表示とみなされます。

●電話勧誘販売における禁止行為とは
　特定商取引法では、電話勧誘販売における禁止行為を定めています（特定商取引法21条）。禁止行為は、以下の３つです。
① 不実の事項を告げる行為
② 故意に事実を告げない行為
③ 強迫によって契約させるまたは解約をさせない行為

　①または②に違反する行為があって、それにより事実を誤認して申込みやそれを承諾する意思表示をした消費者は、その意思表示を取り消すことができますし、消費者契約法４条に基づいて取り消す（消費者取消権）ことも可能です。

■ 電話勧誘販売についての特定商取引法の規制

規制
- 氏名・商品名・勧誘目的であることの通知
- 再勧誘・不当な勧誘・クーリング・オフ妨害の禁止
- 申込書面または契約書面の交付義務、前払式の場合の承諾などの通知義務
- 不実の告知や故意に事実を告げない行為の禁止
- クーリング・オフ・不当な勧誘が行われた場合の取消制度
- 契約が解除された場合に消費者に請求できる損害賠償額の制限
- 業務停止処分などの行政規制や罰則

電話勧誘販売において、事業者は消費者にどのような書面を交付する義務を負いますか。

申込書面と契約書面の交付義務を負います。

　電話勧誘販売を行う事業者は、契約の申込時あるいは締結時に、特定商取引法や主務省令に指定された事項が記載された書面を遅滞なく消費者に交付しなければなりません。契約の申込みに関する内容を記載した書面を申込書面といい、契約締結時に契約内容の明示を目的に交付される書面を契約書面といいます。

　申込書面と契約書面において、記載が求められる事項はほぼ共通しています。電話勧誘販売は、事業者が消費者に突然、電話により働きかけることが可能なため、消費者にとっては予期することができず、不意打ちになる可能性が高いという特徴があります。また、直接対面するのとは異なり、交渉においても、書面などを提示しながら行うことは困難です。そのため、契約条件などの重要な内容が、消費者に曖昧になりやすく、ある程度取引が進んだ状況で、トラブルに発展するケースも少なくありません。書面には、内容を十分に読むべきことを赤枠の中に赤字で記載し、8ポイント以上の大きさの文字や数字を用いなければなりません。

　ただし、電話勧誘販売では、①販売業者が契約不適合（瑕疵担保）責任を負わないこと、②購入者からの契約の解除ができないこと、③事業者責任の契約解除で購入者が民法の定めよりも不利になる規定、④その他法令に違反する特約、を記載することは禁

第3章 ● 特定商取引法【訪問販売・通信販売・電話勧誘販売など】　155

止されています。

● **書面はいつまでに交付するのか**

申込書面や契約書面は、事業者が消費者（購入者）に「遅滞なく」交付しなければなりません。特に申込書面については、訪問販売では「直ちに」交付しなければならないとするのと異なっています。通常の電話勧誘販売は、事業者と消費者が物理的に離れた状況下で、契約の申込みが行われることから、訪問販売より時間的猶予を設ける必要があることが考慮されています。「遅滞なく」とは、おおむね3〜4日以内を意味します。

書面の交付義務については、契約申込みや契約締結の内容を明確にし、消費者が契約の意思決定に関する判断を適切にできるようにするねらいがあります。

■ **書面の記載事項と書面に記載してはいけない事項** ………

申込書面または 契約書面の記載事項	書面に記載してはいけない事項
① 商品等の代金の金額・支払時期・方法 ② 商品引渡し、権利移転、サービス提供開始の時期 ③ クーリング・オフについて ④ 事業者の連絡先及び代表者の氏名 ⑤ 担当者の氏名 ⑥ 契約の申込みまたは契約の締結をした年月日 ⑦ 商品の名前や型式、権利やサービスの内容 ⑧ 商品の数量 ⑨ 契約不適合（瑕疵担保）責任及び契約の解除に関する事項 ⑩ 特約がある場合には特約について	① 販売業者が契約不適合（瑕疵担保）責任を負わないという規定 ② 購入者からの契約の解除ができないという規定 ③ 事業者責任の契約解除で、購入者が民法の定めよりも不利になる規定 ④ その他法令に違反する特約

消費者が代金を先に支払う方式の電話勧誘販売の場合、事業者は承諾等についてどのような義務を負いますか。

事業者に対する承諾などに関する通知義務が規定されています。

　電話勧誘販売で前払式の取引をする場合、契約の成立が不明確になりやすく、消費者（購入者）は履行がなされるかどうか不安な状況になります。代金は支払ったものの、その後に事業者が商品を届ける確実な保証もありませんので、非常に不安定な地位に置かれます。実際に、事業者が代金受領後も、なかなか商品を送付しないというトラブルも発生しています。

　そこで、特定商取引法では、前払式の電話勧誘販売を行う場合、事業者に承諾等の通知義務を課しています。承諾等の通知が必要になるのは、事業者が契約履行に先立って代金や対価の一部または全部を受領する場合です。ただし、代金や対価の受領後に遅滞なく契約履行がなされる場合は除きます。

　承諾等の通知には、承諾をするかしないかをまず記載して、承諾する場合には、商品の引渡時期（または権利の移転時期や役務の提供時期）を記載します。承諾をしない場合には、返金の意思と返金方法を記載します。さらに、承諾の有無にかかわらず、事業者名と連絡先、受領済み金額、受領日、申込みを受けた商品名と数量（または権利や役務の内容）を記載します。承諾等の通知の書面も、申込時または契約時の書面と同様に、8ポイント以上の大きさの文字・数字で記載しなければなりません。

第3章 ● 特定商取引法【訪問販売・通信販売・電話勧誘販売など】　157

電話勧誘販売に関する契約についてクーリング・オフが認められない場合はあるのでしょうか。

乗用自動車の電話勧誘販売など、一定の場合にはクーリング・オフが認められません。

　電話勧誘販売におけるクーリング・オフの制度は、基本的には訪問販売と同様です。具体的には、①電話勧誘販売であること、②権利の購入契約の場合は特定権利であること、③法定の書面の交付を受けてから8日以内であること、④クーリング・オフの例外や適用除外事項に該当しないこと、の要件をすべて満たした場合に行うことができます。クーリング・オフが成立すると、契約申込みや契約締結がなかったことになり、以下のような効果が生じます。なお、以下のようなクーリング・オフの効果について消費者に不利になる特約を定めても無効となります。

・消費者（購入者）は、損害賠償や違約金を請求されない。
・事業者は、商品の引渡しや権利の移転があった後にクーリング・オフがなされた場合、その引取りまたは返還の費用を負担しなければならない。
・消費者は、すでに施設を利用したり役務の提供を受けたりしていたとしても、その使用料金などの対価を請求されない。
・事業者は、その契約に関連して受け取っている金銭があれば、これを返還しなければならない。
・消費者は、契約の履行に伴って土地や工作物の現状が変更されている場合、無償での原状回復を請求できる。

● クーリング・オフの対象外のもの

電話勧誘販売で購入した商品などが以下のいずれかに該当する場合、クーリング・オフは適用されません。

① 乗用自動車の電話勧誘販売

乗用自動車については、通常、その販売条件についての交渉が、事業者と購入者との間で相当の期間にわたり行われるため、クーリング・オフの対象から除外されています。

② 政令指定消耗品を使用・消費してしまった場合

化粧品や殺虫剤など、使用・消費によって価値が失われてしまうとされている政令指定消耗品は、一部でも使用・消費するとクーリング・オフをすることができません。

③ 代金または対価が3000円（税込）に満たない場合

購入した商品などの代金・対価が3000円（税込）未満の場合にはクーリング・オフをすることができません。

④ 消費者が「契約をしたいので電話をかけてきてほしい」と業者に請求した場合の電話勧誘販売

⑤ これまで1年間に2回以上取引がある事業者と消費者との間での、電話勧誘による慣例的な取引

■ 電話勧誘販売でクーリング・オフが認められるための要件 …

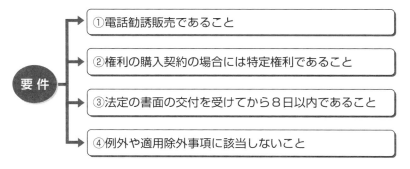

第3章 ● 特定商取引法【訪問販売・通信販売・電話勧誘販売など】

Question 48 事業者側から電話をかけていない場合にも、電話勧誘販売の対象になる場合があるのでしょうか。

 事業者が不正な方法などで電話をかけるよう促した場合には対象に含まれます。

電話勧誘販売の典型例は、事業者側が消費者に対して、電話にて商品の購入などを勧誘する場合です。しかし、事業者が消費者をだますなど不正な方法を用いて、消費者に電話をかけさせるよう仕向けた場合に、電話勧誘販売の規制が適用されないのであれば、脱法的な方法を残す余地につながりかねません。そこで、消費者側から電話をかけてきたときにも、電話勧誘販売の規制が適用される場合があります。

たとえば、「クジに当選されましたので03－○○○－○○○○にお電話ください」などと記載した手紙を送付する行為が挙げられます。このように消費者側に電話をかけるように促す行為（架電要請といいます）には、手紙の他にも、電話、FAX、電子メールなどの手段を用いる場合も含まれます。つまり、事業者が商品の販売などをする目的を隠した上で、消費者が電話をかけさせるよう誘導して、実際に電話をかけてきた消費者に対して、商品の購入などを持ちかけたときに、電話勧誘販売に基づく規制の対象に含まれる場合があります。

その他、「現在特別割引セール中で半額で購入可能です」などと販売条件が有利であることを示して、消費者に電話をかけさせる場合にも、規制の対象に含まれる場合があります。

訪問販売・通信販売・電話勧誘販売についてクーリング・オフの対象外になるのはどのようなケースでしょうか。

消費者の保護が不要な場合や、他の法律が保護を図っている場合などが挙げられます。

　訪問販売・通信販売・電話勧誘販売であっても、特定商取引法の適用が除外され、クーリング・オフの制度の適用がなくなる場合があります。適用除外となるケースは、特定商取引法26条で規定されています。大まかにいうと、消費者として保護する必要のない取引や、信用上問題がない取引、他の法律で保護が図られている取引は対象外になると考えてください。おもな適用除外のケースについて、以下で見ていきましょう。

・**購入者が営業として行う取引**

　たとえば、訪問販売であっても契約者が「営業のために」もしくは「営業として」締結する取引には、特定商取引法は適用されません。特定商取引法は、事業者を規制して消費者を保護することを目的としている法律です。そのため、契約者が営業を行う者であれば、取引に充分慣れているといえますので、保護の必要はないと考えているのです。営業に関する商取引の迅速性・安定性が妨げられることがないようにする、という意図もあります。

・**海外との取引**

　海外にいる者に対する販売やサービス（役務）の提供といった取引について、特定商取引法は適用されません。訪問販売は想定しがたいですが、通信販売や電話勧誘販売については、海外の事

業者との取引が問題になるケースは少なくありません。
・国や地方公共団体が行う取引
　一般の事業者ではなく、国や都道府県、市区町村が行う販売やサービスの提供といった取引は特定商取引法の対象外です。当然に消費者保護が図られるため、対象から除かれています。
・組織内部の取引
　事業者がその従業者に対して行う販売やサービスの提供や、労働組合などの団体がその構成員に対して行う販売やサービスの提供は特定商取引法の対象外です。
・他の法律で保護が図られている取引
　弁護士が行う役務の提供、金融商品取引、宅地建物取引、旅行業者の行う旅行役務の提供といった取引については、それぞれの取引の安全を図るための法律が別に存在するので、特定商取引法の対象外とされています。

●訪問販売の規制が適用されない場合
　訪問販売の場合でも、その住居で契約を結ぶことを請求した消費者との間の契約には、特定商取引法が適用されません。また、販売業者やサービスの提供事業者が定期的に住居を巡回訪問し、勧誘を行わずに結ばれる契約についても、特定商取引法の訪問販売の規制が適用されないものとされています。

●割賦販売法が優先的に適用される場合
　電話勧誘販売や訪問販売では、代金をその場で支払うケースよりもローンを組んで分割払いで購入するというケースの方が多いでしょう。このように分割払いで商品を購入する場合、特定商取引法だけでなく割賦販売法の適用対象にもなるため、適用される規定が調整されています。
　たとえば、特定商取引法では訪問販売や電話勧誘販売が解除された際に、事業者が購入者に請求できる損害賠償の金額は一定限

度に制限されていますが、その訪問販売や電話勧誘販売が割賦販売法の割賦販売に該当する場合には、特定商取引法の規定は適用されません。割賦販売法で同様の規定が置かれているため、購入者が不当に害される危険がないためです。

また、事業者の書面の交付義務については、特定商取引法と割賦販売法が重複して適用されることになります。

●政令指定消耗品にクーリング・オフが適用されない場合

訪問販売と電話勧誘販売において、使用や一部の消費によって価額が著しく減少するおそれがある商品として政令で定められている健康食品や化粧品など（政令指定消耗品）は、使用または消費するとクーリング・オフ制度が適用されなくなります（106ページ）。たとえば、健康食品の封を開けて中身を少しでも食べてしまった場合には、クーリング・オフができなくなります。

■ 特定商取引法の適用が除外されるおもな事項

除外の種類	例
おもな適用除外事由	①事業者間取引の場合 ②海外にいる人に対する契約 ③国、地方公共団体が行う販売または役務の提供 ④労働組合などが組合員に対して行う販売または役務の提供 ⑤事業者が従業員に対して行った販売または役務の提供 ⑥株式会社以外が発行する新聞紙の販売 ⑦他の法令で消費者の利益を保護することができる等と認められるもの
適用除外事由⑦の具体例	・弁護士が行う弁護士法に基づく役務の提供 ・宅地建物取引業法に基づいて宅地建物取引業者が行う商品（宅地建物）の販売または役務の提供

自宅での取引でもクーリング・オフが認められないケースがあるのでしょうか。

一定の取引はクーリング・オフの対象外です。

　特定商取引法は、自宅で行われた取引でも、以下に挙げる取引については、クーリング・オフの規定を適用しません。
① 　契約の内容が長期間に渡ることが予定されている取引
② 　契約締結後、速やかに商品などが引き渡されなければ、消費者の利益が著しく害される取引
③ 　消費者が使用・消費することで価値が著しく低下する商品などを取り扱う取引
④ 　商品などの品質保持に必要な時間が限られている取引
⑤ 　3000円（税込）未満の商品などを取り扱う現金取引

■ 自宅での取引でもクーリング・オフが認められないケース …

・飲食店の飲食など提供が契約締結後すぐに行われるサービス
・自動車の契約など交渉が長期間行われる取引
・葬儀や生鮮食品など契約後速やかに提供しないと著しく利益が害されるサービス
・健康食品、化粧品など政令指定消耗品の取引で消費者が使用・消費した場合
・3000円（税込）未満の現金取引
・購入者が請求して購入者の自宅で行った取引や御用聞き、継続取引

⬇

事業者と自宅で結んだ契約であってもクーリング・オフできない

第4章

特定商取引法
【連鎖販売取引・特定継続的役務提供・
業務提供誘引販売業など】

マルチ商法のように、後に販売した商品を他に販売するなどの目的で行う取引には、どんな形態があるのでしょうか。

特定商取引法は規制対象に含める連鎖販売取引に関して要件を定めています。

　取引が単独で終了せず、後に販売した商品を他に販売する目的で締結した取引は、特定商取引法が定める連鎖販売取引にあたる可能性があります。連鎖販売取引にあたるのは以下の要件を満たす取引です。

① **物品・権利の販売、有償で行う役務の提供**
　権利の販売や役務（労働や便益）提供も規制の対象となるので、物品の販売だけでなくレンタルやリースなども含まれます。

② **再販売・受託販売のあっせん、役務の提供やそのあっせんをする者の勧誘**
　再販売とは、売る目的で商品を購入し、後にそれを別の相手に販売することです。たとえば、自身が化粧品を消費するためだけでなく、別の誰かに売ることを目的に購入した場合には、再販売目的での購入ということになります。マルチ商法の典型例にあたるのが、この類型の販売形式です。

　受託販売とは、商品の所有者から委託を受けて商品を販売することです。つまり、販売者はあくまでも、商品の所有者の代理人として、契約を結ぶことになりますので、商品の所有権は、直接商品の所有者から販売者に移転します。特定商取引法では、特定利益を得ることによってこのような行為を行う人を誘引する（勧

誘する）ことも規制の対象とされています。

もちろん物品だけでなく、役務提供に関する誘引であっても同じように規制対象となります。

③ **特定利益とは**

特定利益とは、組織に入り商品の購入や役務の利用を勧めたり、あっせんすることで得られる利益のことです。その他、よくある例としては、会員を増やすことで得られる利益や、自分の獲得した会員や自分より下位にいる組織の人間の売上げに応じて得られる利益なども特定利益とみなされています。このような利益になるお金には入会金以外にも、取引料、保証金、加盟料などのさまざまな名前が使われていますが、似たような性質を持っていれば、すべて特定利益として扱われます。

④ **特定負担とは**

特定負担とは、組織に入会するために支払う費用や販売用の商品を購入する際に支払う金銭的負担を意味します。

自分が商品販売をするために必要となる購入費や経費といった出費など、その名前はさまざまですが、金銭的な負担であればすべて特定負担になります。また、組織入会後に支払った金額が特定負担にあたる場合もあります。たとえば、組織入会後に、商品の販売を行うにあたり、新たに商品の購入などが必然的に必要になることが前提になっている場合などが挙げられます。

特定負担については、かつては2万円より低い金額であれば、「連鎖販売取引」にはあてはまらないとされていましたが、現在では金額の条件は撤廃されているので、いくらからでも規制対象となり、クーリング・オフも可能になっています。

●**連鎖販売取引の当事者とは**

マルチ商法には統括者、勧誘者、一般連鎖販売業者、無店舗個人といったさまざまな人物が関係していきます。

統括者とは、「一連の連鎖販売業を実質的に統括する者」を指します。たとえば、販売業務の指導や契約約款を作成した者であり、事実上の経営トップが統括者ということになります。勧誘者とは、説明会などで勧誘を行うなど、「統括者が連鎖販売取引について勧誘を行わせる者」を指します。一般連鎖販売業者とは、「統括者または勧誘者以外の連鎖販売業を行う者」のことです。また、個人が店舗やそれに類似する設備以外の場所で行う取引（無店舗販売）にも連鎖販売取引が適用されることがあります。

●ネズミ講との違い

　マルチ商法と似た構造をもつ悪質商法にネズミ講があります。ネズミ講とは、金銭を支払って加入した人が、他に２人以上の加入者を紹介・あっせんし、その結果、出費した額を超える金銭を後で受け取る販売方法です。徐々に参加する人が増えていく構造になっているため、参加できる人数には自ずと限界があります。つまり最終的に参加した人は、投下した費用を回収できずに、場合によっては莫大な損害を被る危険性があります。連鎖販売取引とは異なり、商品販売の実体がないネズミ講は、「無限連鎖講の防止に関する法律」が全面的に禁止しています。

■ 連鎖販売取引に対する規制

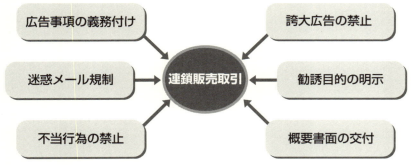

連鎖販売取引に関する契約を結ぶ際に契約書の交付などに関する法的規制はあるのでしょうか。

特定商取引法は契約締結の前後において書面の交付を義務付けています。

連鎖販売取引において義務付けられている書面には2種類あります。1つは概要書面、もう1つは契約書面です。

概要書面や契約書面の交付が求められているのは、消費者が契約内容をよく理解しないまま、あるいは、契約内容を誤解したまま契約を締結し、その結果、損害等の不利益を受けることを防ぐ目的があります。その一方で、事業者側にとっても、消費者に対して、書面の中で禁止事項を示すことができるため、事業者が意図しない消費者の行動を防止することが可能です。

① 概要書面について

連鎖販売業を行う者が、連鎖販売取引に伴う特定負担をしようとする店舗を持たない個人（消費者）との間で、特定負担について契約しようとするときは、契約の締結前に、主務省令（各省大臣が制定する命令。この場合は、特定商取引法施行規則を指す）に定められた連鎖販売業の概要を説明する事項を記載した書面を交付しなければなりません。概要書面の交付義務に違反した場合には、6か月以上の懲役か100万円以下の罰金（あるいは、その両方）が科せられます。

注意しなければならないのは、概要書面の交付義務を負うのは、消費者との間で特定負担の契約を締結する事業者だというこ

とです。通常は、特定負担に関する契約を行う事業者と、連鎖販売に関する契約を行う事業者は同一です。しかし、場合によっては、連鎖販売に関する契約とは別に、消費者に対して、商品の購入（これに伴って消費者が負担する代金支払いが「特定負担」にあたります、167ページ）に関する契約を他の事業者との間で結ぶことを求めるケースがあります。この場合には、概要書面の交付義務は、連鎖販売に関する契約を締結した事業者ではなく、特定負担に関する契約を結んだ事業者（上のケースでは商品の販売を行った事業者）が負担することになります。

② **契約書面について**

契約書面は、連鎖販売取引について契約を締結した際に遅滞なく（通常2～3日以内）交付しなければなりません。記載の方法は、概要書面と同様、文字サイズ8ポイント以上といった規制があります。また、クーリング・オフに関する事項は赤枠の中に赤字で記載することが必要です。

●**契約書面には何を記載するのか**

連鎖販売取引の契約を締結した事業者は、消費者に対し、遅滞なく契約書面を交付する必要があります。主として以下の事項を契約書面に記載することが求められます。なお、概要書面にも基本的には同じような内容を記載します。

① **統括者の氏名（名称）・住所・電話番号**

統括者が法人のときは代表者の氏名も記載します。連鎖販売業を行う者が統括者でない場合は、連鎖販売業を行う者の氏名（名称）・住所・電話番号・代表者の氏名の記載も必要です。

② **販売する商品や役務の名称などの情報**

商品や役務の名称はもちろん、商品の性能や品質、役務の種類や内容を詳細に記しておく必要があります。

③ **再販売・受託販売などに関する事項**

商品の再販売・受託販売・販売のあっせん、同種の役務提供、役務提供のあっせんに関する情報を記載します。

④ **特定利益・特定負担の内容**

特定利益・特定負担の内容を記載する他、特定負担以外の義務について定めがあれば、それも記載します。

⑤ **抗弁権の接続に関する事項**

割賦販売法が定める抗弁権の接続（223ページ）に関する事項を記載します。

⑥ **契約の解除に関する事項**

クーリング・オフについて、連鎖販売契約は契約書面の交付日から起算して20日間であることなどを記載します。その他、連鎖販売契約を中途解約する場合の方法も記載します。

⑦ **法令に規定される禁止行為**

特定商取引法は、勧誘の際にわざと（故意に）重要な事実を伝えない行為やウソの事実を伝える行為を禁止していますが、このような禁止行為に違反していないことを記載します。

■ **概要書面と契約書面**

概要書面
→契約締結前に消費者に説明するための書類
（例）商品の種類・性能・品質は、重要事項の記載で足りる

契約書面
→実際に契約を締結するときに消費者に渡す書類であるため、概要書面よりも詳しい記載がなされている
（例）商品の種類・性能・品質は、重要事項に限らず、具体的かつ詳細に記載することが求められる

連鎖販売に関する契約で、事業者が消費者に誤った情報など、事実と異なる説明を行っていた場合にはどのように扱われますか。

不実告知や事実の不告知として禁止され、違反した事業者は罰則の対象になります。

　連鎖販売取引では、会員を獲得するために入会を迷っている人や契約の解約を申し出た会員などに対し、事実と異なる説明をして消費者（会員）が誤解を生むような勧誘を行うこと（不実告知）や、故意に商品の質や性能、契約内容に関して事実を言わない場合（事実の不告知）が頻繁に起こっています。特定商取引法では、勧誘時や契約締結後の業者による以上のような行為を禁じる規制を定めています。事実の不告知や不実告知を行った事業者に対しては、場合によっては、3年以下の懲役か300万円以下の罰金（あるいはその両方）が科されます。
　不実告知とはウソを言うこと、事実の不告知とは不利な事実をあえて告げないことです。販売物の品質に関することや、特定負担・特定利益に関するウソはもちろん、たとえば入会して儲かった会員の例だけを説明して、損した会員の例はあえて話さないということも特定商取引法違反となります。
　また、販売物に関することだけでなく、契約に関するすべてのことにおいて、消費者に誤解を与える可能性のある不実告知や事実の不告知が禁止行為の対象となります。たとえば、クーリング・オフを防ぎたいために、「この取引はクーリング・オフができない」とウソのことを伝える行為が禁止されます。

もっとも、不実告知と事実の不告知は明確に区別されるわけではなく、実際のケースでは、その両者が混在しているケースが多いといえます。そのため、消費者取引法では、両者を同一に禁止して、罰則なども同様の処理を行っています。さらに、不実告知や事実の不告知については、実際に不実告知や事実の不告知を行った者だけではなく、不実告知や事実の不告知を行うように、そそのかした者も規制の対象に含まれるという特色があります。

● その他禁止されている勧誘行為とは

　勧誘時に禁止されている行為は不実告知・事実の不告知だけではありません。勧誘時に以下のような行為をすることも禁止されています。

・威迫行為

　連鎖販売取引の勧誘時や、契約締結後に相手を不安・困惑させることです。

・勧誘の目的を伝えずに行う勧誘

　キャッチセールスと同様に、連鎖販売取引の勧誘であることを告げずに店舗などに消費者を誘い込む行為は、それを行った時点で特定商取引法違反となります。連鎖販売取引の勧誘は、特定の会場や消費者の自宅で行われることが多く、なし崩し的に消費者が勧誘を受けることを防ぐ目的があります。

■ 不実告知と事実の不告知

【不実告知】
勧誘者など → 不実告知 → 消費者
（例）この商品を使えば、がんが必ず完治しますよ！

【事実の不告知】
勧誘者など ┄┄ 事実の不告知 ┄┄> 消費者
（例）持病のある人は医師に相談が必要だけど…

連鎖販売取引について広告する場合に、特定商取引法により禁止されている事項はありますか。

電子メール広告の送信規制や誇大広告等の禁止などがあります。

連鎖販売取引について広告を出す場合は、下図で示す事項を記載することが必要です。連鎖販売取引も通信販売と同様、オプトイン規制であるため、事前に承諾していない消費者に電子メール広告を送信することはできません(139ページ)。

さらに、「何ら苦労せずに高収入が得られます」などの誇大広告等の掲載も禁止されています。誇大広告等とは、著しく事実と異なる表示を行うことや、実際よりも著しく優良・有利であると誤認を招くような表示を行うことを指します。

■ 連鎖販売取引について広告を出す場合の表示事項

① 販売商品や役務などの種類
② 特定負担に関する事項
③ 特定利益について広告を行う場合には、その計算方法
④ 統括者等(統括者、勧誘者、一般連鎖販売業者)の氏名・名称、住所、電話番号
⑤ 法人がインターネットを利用して広告を行う場合には、当該統括者等の代表者または連鎖販売業に関する業務の責任者の氏名
⑥ 商品名
⑦ 電子メール広告をするときは、統括者等の電子メールアドレス

 **10日前に締結した連鎖販売取引に関する契約について、クーリング・オフを受ける可能性がありますか。**

 原則として20日間はクーリング・オフを受ける可能性があります。

　商取引に不慣れな消費者が、簡単で確実に儲かるという巧妙な演出などにより、複雑な契約内容をよく理解しないまま契約を結んで大きな不利益を被る、という事態が頻繁に発生しているので、連鎖販売取引においてもクーリング・オフ制度が導入されています。

　また、連鎖販売取引のクーリング・オフ期間は、20日間とされており、訪問販売や電話勧誘販売の8日間と比べて、長めに設定されています。なぜなら、連鎖販売取引に関する契約は、一般に契約内容が複雑であるため、8日間という短い期間では、消費者が締結した契約内容に誤りがあることなどを判断することが困難であるためです。連鎖販売取引のクーリング・オフ期間の起算日は、適法な契約書面を消費者が受け取った日です。事業者が契約書面を交付していても、書面の記載事項に不備があったときは、適法な書面が交付されるまでは起算日となりません。

●起算日の例外とは

　連鎖販売取引では、契約書面の交付後しばらくしてから商品を送付する、ということがあります。そのような場合、消費者が大量の商品を見て不安になり、解約したいと思っても、書面の交付から20日間はすでに経過していることが考えられます。

　こうした事態から消費者を守るために、契約書面の交付よりも

商品の引渡しが後になる場合には、例外として、最初の商品引渡日をクーリング・オフ期間の起算日とすることが定められています（特定商取引法40条1項）。さらに、事業者がクーリング・オフ妨害を行った場合には、妨害の解消後、再度書面を受け取った日から20日間クーリング・オフが認められます。

●クーリング・オフの効果

クーリング・オフをするには、事業者に対して、期間内に契約解除の意思を、書面により明示します。契約解除の書面は、事業者に向けて発信した時点から効力を生じます（特定商取引法40条2項）。発信日や発信した内容を証明するために、通常は内容証明郵便が利用されます。

クーリング・オフが認められると、事業者から損害賠償や違約金を請求することができず、契約が解除されたものと扱われます。すでに引き渡した商品は、事業者が引き取ることができます。もっとも、消費者側は引き取り費用（返送料など）を負担する必要はありません。もし、クーリング・オフに伴う損害賠償、違約金、引き取り費用などを消費者側が負担するとの条項があっても、そのような条項は無効となります。

■ **特定商取引法の各取引とクーリング・オフ** ………………

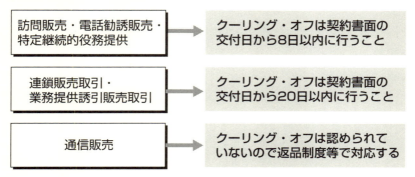

クーリング・オフ期間が経過すれば、消費者が連鎖販売に関する契約から抜け出すおそれはなくなるのでしょうか。

消費者が契約の解除や取消しを主張する可能性があります。

　連鎖販売契約（連鎖販売取引に係る契約）を結んで組織に加入した消費者（無店舗個人に限ります）は、契約書面の受領日から20日を経過していることなどから、クーリング・オフができないとしても、いつでも自由に連鎖販売契約を中途解約する権利が認められています。また、商品販売契約の損害賠償額の予定や違約金の定めに関する不当な特約は無効となります。

●商品販売契約の解除とは

　連鎖販売契約を中途解約して退会した者は、入会後1年以内の店舗を持たない個人（無店舗個人）であること、引渡しから90日を経過していない商品であることなどの条件を満たせば、連鎖販売取引に係る商品の販売契約を解除することもできます。

　商品販売契約書に高額な損害賠償の予定や違約金が規定されていた場合、契約者の負担が大きく、契約を解除できないおそれがあるため、損害賠償額に制限が設けられています。具体的には、契約時に損害賠償の予定や違約金の定めがある場合であっても、契約者に対して、以下の①または②の額に法定利率による遅延損害金を加えた額を超える支払請求はできません。

① 商品が返還された場合、または引渡し前である場合は、商品の販売価格の10%に相当する額

第4章　● 特定商取引法【連鎖販売取引・特定継続的役務提供・業務提供誘引販売業など】　177

② 商品が返還されない場合は、商品の販売価格に相当する額

　これにより、退会はしたが大量の商品の支払いが負担となっている契約者や、大量の商品を抱えているために退会をためらっている会員も保護されます。

　この規定は、連鎖販売業についての商品やサービスを割賦販売により販売・提供する場合には適用されません。

●連鎖販売契約を取り消すことができる場合

　事業者や勧誘者が故意に事実を告げなかった、または不実のことを告げたことで、消費者（会員）が事実を誤認して相手方との間で連鎖販売契約をしたと認められる場合には、その契約を取り消すことができます。取消権の行使期間は、事実誤認に気づいた時から1年間または契約締結時から5年間です。

　ただし、契約締結時に、連鎖販売契約の相手方が、事業者や勧誘者がこれらの行為をした事実を知らず、知らないことに過失がない場合は取消ができません。また、取り消される事実があるのを知らずに取引関係に加わった者（第三者）に対しては、連鎖販売契約の取消を主張できないことがあります。

■ 連鎖販売取引で契約をとりやめる方法

契約を
とりやめる
方法

→ 契約後20日以内であればクーリング・オフが可能

→ クーリング・オフ期間経過後であっても中途解約権を行使して、会員をやめることができる

→ 不実の告知などが原因で連鎖販売契約に加入した場合には取消権を行使できる

→ 民法の詐欺や消費者契約法の消費者取消権の行使が認められるケースもある

 一度の利用ではなく、繰り返し利用することによって効果が表れることが予定されている契約には、どのような種類がありますか。

 エステティックサロンや語学教室などがあります。

　繰り返しの利用により効果が表れることが予定されている契約は、特定商取引上の特定継続的役務提供にあたる可能性があります。特定継続的役務提供とは、役務提供を受ける者の身体の美化、知識・技能の向上などの目的を実現させることをもって誘引されるが、その目的の実現が確実でないという特徴を持つ有償の役務（サービス）の提供のことです（特定商取引法41条）。

　たとえば以下のような、エステティックサロン、語学教室、学習塾、パソコン教室、結婚相手を紹介するサービスなどです。また、家庭教師や通信指導なども含まれます。

① **エステティックサロン**

　よく知られていますが、美顔や脱毛、痩身などを目的として行う役務（サービス）です。

② **語学教室**

　英語・フランス語・中国語などさまざまな語学の指導をする役務（サービス）です。生徒を教室に集めて行う指導だけでなく、インターネットや電話を通じた指導も規制の対象です。なお、入学試験対策のための語学指導は、下記の学習塾や家庭教師に該当するものとして、特定商取引法の適用を受けます。

③ **学習塾など**

教室など事業者が用意した場所で、入学試験対策（幼稚園入試・小学校入試の対策を除く）や補習を目的として、学校（幼稚園・大学を除く）の児童生徒、学生を対象に勉強を教える役務（サービス）です。資格取得が目的である場合や就職セミナーは含まれません。

④　家庭教師など

　入学試験対策（幼稚園入試・小学校入試の対策を除く）や学校教育（大学・幼稚園を除く）の補習のために勉強を教える役務（サービス）で、「学習塾など」とは違い、事業者が用意した場所以外で行われるものです。最近増えてきたインターネット上での学習指導も含まれます。

⑤　パソコン教室

　企業に就職しようと思ったとき、パソコンが使えないと不利ですし、仕事上パソコンの技能は必須だという人も増えていますので、パソコン教室も増えています。

⑥　結婚相手紹介サービス

　結婚を望む人に異性を紹介するサービスです。これら①〜⑥を直接行うサービス以外にも、その権利を販売するという場合も同様に特定商取引法の適用を受けます。

■ **特定継続的役務提供の種類**

種　類	役務が提供される期間（指定期間）	支払った金額（指定金額）
エステティックサロン	１か月を超える期間	総額５万円を超えるもの
語学教室	２か月を超える期間	
家庭教師		
学習塾		
パソコン教室		
結婚相手紹介サービス		

Question 8 特定継続的役務提供に該当するサービスでも特定商取引法の規制対象から除かれる場合があるのでしょうか。

規制の必要性がない取引や他の法律により保護されている取引は対象から外れます。

　特定商取引法の適用がある特定継続的役務提供は、一定期間（指定期間）を超えるもの、かつ一定金額（指定金額）を超えるものであると規定しています。一定期間とは、エステティックサロンの場合は1か月を超える期間、それ以外のものについては2か月を超える期間と規定されています。通常は役務開始日から提供期間を計算します。開始日が定められていない場合は契約締結日から計算します。提供期間の算出については、チケット制の場合はチケットの有効期限までとされます。何らかの事情で期間を更新した場合や前契約と更新後の契約が一体であるとみなされる場合には期間は合算することになります。

　指定金額は、すべての役務で5万円を超えるものです。この金額は総額であるため、施設費や入会金も含めて考えます。

● 関連商品とは

　特定継続的役務提供の関連商品とは、役務を受ける消費者が購入する必要がある商品として政令で定めるものをいいます。たとえば、エステティックサロンであれば、石けんや化粧品、下着などがあります。また美顔器などの高額な商品もあります。

　関連商品は、あまり望んでいないのに強引に買わされたり、解約の際に返品をめぐってトラブルになったりすることも多いため、

関連商品の売買契約として規定が設けられています。具体的には、役務提供契約書面に関連商品を記載しなければならず、関連商品のクーリング・オフや中途解約も認められます。

● **特定商取引法が適用されない特定継続的役務提供**

訪問販売・通信販売・電話勧誘販売について特定商取引法が適用されないケース（80ページ）があるのと同様に、特定継続的役務提供についても、事業者として規制する必要性がない取引や、他の法律で保護されている取引は、規制の対象外です。

・購入者が営業として行う取引
・海外との取引
・国や地方公共団体が特定継続的役務の提供を行う場合
・労働組合などが従業者に対して行う販売やサービスの提供
・事業者が従業員に対して行った販売または役務の提供
・損害賠償額の予定や違約金の定めについて割賦販売法の規定を優先的に適用する場合

■ **特定継続的役務の種類と関連商品**

特定継続的役務	関連商品
エステティックサロン	●健康食品　●化粧品、石けん、浴用剤　●下着 ●美顔器、脱毛器など、電気による刺激・電磁波・超音波を用いて人の皮膚を清潔にする、または美化する器具・装置
語学教室 家庭教師 学習塾	●書籍　●カセット・テープ、CD-ROM、DVD　など ●ファクシミリ装置、テレビ電話装置
パソコン教室	●電子計算機、ワードプロセッサー（これらの部品及び附属品） ●書籍　●カセット・テープ、CD-ROM、DVD　など
結婚相手紹介サービス	●真珠、貴石、半貴石　●指輪その他の装身具

 誇大広告に関する規制などが設けられています。

　広告に「半年通えばあなたも必ずやせて美しくなる」というような文言があって、さらに、説明を聞いてみると「絶対成果がでますよ」「今すぐ始めなければ手遅れですよ」などと誘引されて契約し、エステティックサロンに通い始めたとします。

　しかし、当然効果には個人差があって思うような効果が得られないこともあるでしょう。予想と違うことがあるかもしれません。そのため、途中でやめたいと思った場合に解約ができるのかということが問題になります。また、そもそも広告内容は誇大表示であって「必ずやせる」と思い込んだことや、強引な勧誘が行われたことが、契約をしてしまった原因だったとすると、事業者の責任についても問題になります。

●広告規制とは

　特定継続的役務提供は、その特性からして、広告でいかに魅力的に宣伝するかが契約数や売上げに大きく関わってきます。そのため、事業者は、テレビCM、屋外看板、インターネット広告などで広告を行い、消費者の関心を集めることになります。

　特定商取引法が特定継続的役務提供の広告で規制対象としているのは、役務の内容、金額、事業者の氏名（名称）などについて著しく事実と相違する（ウソ・偽り）広告や、実際の役務よりも

著しく優良または有利であると消費者を誤認させる（優良誤認・有利誤認）広告です。これらの規制対象になっている広告を誇大広告等といいます。ただし、特定商取引法では、ウソ・偽りや優良誤認・有利誤認の程度が「著しい」場合を規制対象としています。一般に、広告と事実の食い違いを知っていれば、契約を締結していなかったであろうといえる場合に、ウソ・偽りや優良誤認・有利誤認の程度が「著しい」と認められます。

よく話題になるのが、芸能人などの有名人を広告塔として使用する広告です。実際は有名人が一切関与していないのに「○○さん愛用」「○○さんの推薦・絶賛」などと表示するのは禁止されます。役務の信用を高めるために、勝手に「○○省の推薦を受けている」「○○省も効果を認めている」などと公的機関などの名前を用いることも禁止されます。

これらの広告内容について疑念が持たれた場合、主務大臣（経済産業省大臣など）は、事業者に対して、広告内容に対する合理的な証拠資料を提出するよう求めることができます。証拠が提出できないのであれば、虚偽誇大表示等があったとみなし、その広告の規制ができます。具体的には、主務大臣による指示や業務停止などの行政措置の他、刑事罰が科されることもあります。

■ **特定継続的役務提供に関する誇大広告等の禁止** ……………

> サービスの内容・目的、著名な人物の関与、販売価格、支払方法、サービスの提供期間、事業者の連絡先、負担金

誇大広告等の禁止

著しく事実に相違する表示（偽りの広告）をしてはならない
実際のものよりも著しく優良であるか、または有利であると、消費者を誤認させるような表示（優良誤認・有利誤認の広告）をしてはならない

特定継続的役務提供に関する契約を結ぶ場合、事業者は消費者に対して、どのような書面などを交付する義務を負いますか。

概要書面と契約書面を交付する義務を負います。

　特定継続的役務提供の場合、書面を交わして業者と消費者が情報や意思を正しく伝え合うことは非常に重要です。このため、書面の交付については、概要書面と契約書面という形で２段階に分けて交付することが義務付けられています。２段階に分けて交付義務が規定されているのは、連鎖取引販売などのように、取引の内容が不明確であることもありますが、特定継続的役務提供は、その効果について個人差が大きく、不確実性があることから、契約内容について明確に消費者に示しておくことで、後のトラブルを回避する目的があります。また、一般に契約期間が長期に渡ることからも、長期にわたり消費者を契約に拘束する事業者の義務として、書面の交付が求められています。

　概要書面と契約書面の記載内容については後述しますが、これらの書面に記載されていることは非常に重要な事項ですから、消費者がしっかり読んでくれるよう、工夫することが求められています。たとえば、文字の大きさについては一定の大きさ以上でなくてはならず、書面の内容を十分に読むべきであることを赤枠の中に赤字で記載しなければなりません。また契約書面においては、クーリング・オフに関する事項を赤枠の中に赤字で記載することが必要です。

●**概要書面の交付**

　1回目は、契約をする前、つまり消費者が契約をするかしないかを決定する前に、書面によって十分な情報を示さなければなりません。広告やチラシを見せたり渡すだけでは足りず、具体的な内容を示したものでなければなりません。この1回目の書面を概要書面といいます。訪問販売などの場合には、申込書面を、消費者の申込みの前に交付しなければなりませんが、概要書面はそれよりも早い段階で交付しなければならない点に注意が必要です。なぜなら、概要書面の役割は、消費者に契約内容に関する適切な情報を提供し、契約内容について誤認などに陥ることなく、契約を締結するか否かの判断を行うことを可能することにあるためです。

　事業者の連絡先や、サービス（役務）の内容、提供期間、クーリング・オフに関する事項、中途解約に関する事項、前受金の保全など、次ページ図で示した11項目について記載します。

●**契約書面の交付**

　契約を締結した場合には、遅滞なく契約書面を交付しなければなりません。これが2回目の書面交付です。

　契約書面の内容は「概要書面」の内容に似ていますが、提供する役務の内容をより具体的に詳しく記載して、さらに契約締結の年月日や契約締結の担当者の氏名なども記載します。契約書面の記載事項は以下のとおりです。

① サービス（役務）の内容（サービスの提供を受ける者が購入する必要のある商品がある場合にはその商品名）
② サービスの対価など、サービスを受ける者が支払う金銭の額
③ 金銭の支払時期および支払方法
④ サービスの提供期間
⑤ クーリング・オフに関する事項
⑥ 特定継続的役務提供契約の中途解約に関する事項

⑦　事業者の連絡先
⑧　契約締結担当者の氏名
⑨　契約締結年月日
⑩　サービスを受ける者が購入する必要のある商品がある場合にはその種類および数量
⑪　割賦販売法の抗弁権の接続に関する事項
⑫　前受金保全措置の有無、講じている場合にはその内容
⑬　サービスの提供を受ける者が購入する必要のある商品がある場合には、その商品を販売する者の連絡先
⑭　特約がある場合にはその特約の内容

　なお、概要書面や契約書面の交付義務に違反した場合や、虚偽記載を行った場合、記載に不備があった場合は、業務停止命令の対象になる他、100万円以下の罰金が科せられます。

■ 概要書面の記載事項

① 事業者の氏名（名称）、住所、電話番号、法人であれば代表者の氏名
② 役務の内容
③ 購入が必要な商品（関連商品）がある場合にはその商品名、種類、数
④ 役務の対価（権利の販売価格）その他、消費者が支払うべき金銭（概算金額）
⑤ ④の金銭の支払時期、方法
⑥ その役務の提供期間
⑦ クーリング・オフに関する事項
⑧ 中途解約に関する事項
⑨ 割賦販売法に基づく抗弁権の接続に関する事項
⑩ 前受金の保全に関する事項
⑪ 特約があるときはその内容

特定継続的役務提供とともに締結した関連商品に関する契約についても、クーリング・オフを行うことは可能でしょうか。

原則として、関連商品についてもクーリング・オフを行うことが可能です。

　特定継続的役務提供においてクーリング・オフをするための要件は、①特定継続的役務提供の契約であること、②契約書面を受け取った日を含めて8日以内であること、③書面によって契約解除の意思を表示することです。これらの要件を満たしていれば、消費者は無条件に契約を解除することができます。

　また、関連商品（181ページ）を購入している場合は、主契約だけのクーリング・オフでは消費者を救済できないことが多いため、主契約のクーリング・オフがなされた場合であり（主契約と同時に関連商品のクーリング・オフをすることも可能です）、契約書面を受け取ってから8日以内などの要件を満たせば、主契約とともに関連商品についてもクーリング・オフが認められます。ただし、使用・消費により返品不可能な場合など、クーリング・オフができなくなる場合もあります。

　クーリング・オフが行われると、消費者は支払義務がなくなり、手元に受け取っている関連商品を返さなければなりません。商品の引き取りに係る費用は事業者負担です。事業者は、クーリング・オフに伴う損害賠償や違約金などの請求はできず、すでに受け取っている金銭があれば、速やかに消費者に返還しなければなりません。

●申込みや承諾の取消（消費者取消権）
　事業者による不実告知や故意（わざと）または重過失による事実不告知があり、消費者が重要事項を誤認して契約した場合は、消費者取消権が発生し、消費者は申込みや承諾の意思表示の取消しができます。ただし、消費者の事情について善意無過失で取引関係に加わった第三者には取消の主張ができません。

●広告規制以外の規制について
　勧誘方法についても特定商取引法の規制があります。事業者側のセールストークは巧みで、消費者は弱い立場にあると考えられているためです。勧誘に際して、不実告知が問題になることが多いですが、契約締結に関することだけではなく、クーリング・オフや中途解約などの契約の解除に関することも含まれます。故意に（わざと）事実を告げないことも禁止されています。

　これらの不実告知や故意の事実不告知について、主務大臣は、事業者に合理的な根拠を示す資料の提出を求めることができ、提出がない場合には、事業者に不実告知や故意の事実不告知があったとみなされます。その他にも、暴力行為や威迫行為、強迫行為で契約を締結させることは禁止されています。

■ 関連商品のクーリング・オフ

```
┌─────────────────────────────────┐
│ 契約書面を受け取った日から起算して8日以内なら │
│           クーリング・オフできる              │
└─────────────────────────────────┘
                ↓ また
┌─────────────────────────────────┐
│ 消費者が購入した関連商品についても原則として   │
│           クーリング・オフできる              │
└─────────────────────────────────┘
                ↓ ただし
┌─────────────────────────────────┐
│ ①健康食品、②化粧品・石けん・浴用剤については │
│           クーリング・オフできない            │
└─────────────────────────────────┘
```

※関連商品の種類については182ページ図参照

Question 12 特定継続的役務提供契約について、クーリング・オフができなくなった後に、契約を解約することは可能なのでしょうか。

 中途解約権の行使が認められる場合があります。

　たとえば、エステ契約（施術契約）を結んだものの、途中で止めようと思った場合、契約を解約（解除）することになります。
　しかし、エステ業者側が「契約から1か月経過しているため、クーリング・オフは適用されません。また、契約書には中途解約不可の記載があるため、中途解約に応じることもできません」と主張し、中途解約を拒否することがあります。契約後1か月ということは、クーリング・オフ期間（8日間）を過ぎてしまっているため、クーリング・オフを行使することはできません。しかし、特定商取引法ではエステのような継続的サービス（特定継続的役務提供）に対し、消費者による中途解約権を認めています。

●中途解約とは

　特定商取引法では、中途解約のことを「クーリング・オフ期間経過後、将来に向かって解除できる制度」としています。中途解約の制度は、特定継続的役務提供に関する契約が長期間にわたることから、消費者が転勤や病気など、さまざまな事情の変化により、契約を維持することが困難になったことに備えて設けられた制度です。また、サービスの良し悪しは、実際に体験してみた後でなければ判断することは困難です。そのため、クーリング・オフとは別に、すでにサービスを利用した後であっても、不要な契

約関係から、消費者の拘束を解く方法として、中途解約権が規定されています。中途解約の規定で消費者に不利な変更は認められません。エステサービスなどの契約書に中途解約は認められないという記載があったとしても、その記載は無効です。

●中途解約権を行使するには

中途契約権を行使するために、消費者側に求められる特別な条件はありません。消費者が事業者に対し、中途解約の意思を示すだけで十分です。中途解約のための特別な理由も必要ありません。つまり「単に気が変わった」という理由だけでも中途解約権を行使できることになります。もっとも、この場合は事業者よりも消費者の方に問題があるため、特定商取引法においても事業者が消費者に対して、一定限度の損害賠償請求をすることを認めています（192ページ）。

●中途解約をするとどうなる

特定継続的役務提供契約を中途解約する場合には、役務の提供を受ける際に消費者が購入した関連商品の売買契約も、あわせて中途解約することができます。

■ 特定継続的役務提供契約と消費者の中途解約権の行使 ………

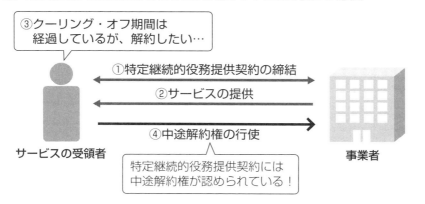

第4章 ● 特定商取引法【連鎖販売取引・特定継続的役務提供・業務提供誘引販売業など】 191

Question 13 中途解約権を行使した消費者に対して、事業者はどの程度の金額について損害賠償を請求できるのでしょうか。

 サービスごとに請求できる金額の上限が規定されています。

　事業者側は、消費者から中途解約権の行使を受けた場合、その消費者に対して損害賠償請求ができます。もちろん、サービスの対価すべての支払請求はできません。特定商取引法では、サービスごとに請求できる損害賠償金の上限が定められています。

　もっとも、中途解約権の行使が、実際にサービスを提供する前に行われる場合があります。この場合には、事業者は消費者に対して、契約の締結やサービスの提供に通常必要な費用として政令に規定する金額を限度として、損害賠償金を請求できるにとどまります。仮に、契約の中で損害賠償の予定額や違約金について定めていた場合であっても、消費者は政令に規定する金額を超える金額を支払う義務はありません。

　これに対して、サービスが提供された後に中途解約が行われた場合には、基本的には解約時までに提供されたサービスに相当する金額の請求が可能です。ただし、消費者が支払う金額が不当に高額になることを避けるため、たとえば、エステサービスの場合は「2万円または契約残額の10％」、語学教室の場合は「5万円または契約残額の20％」、家庭教師の場合は「5万円または1か月分の授業料」、パソコン教室の場合は「5万円または契約残額の20％」のうち低い金額が損害賠償金の限度額とされています。

●精算の際の注意点

中途解約を行う場合に、重要なのは概要書面や契約書面などに記載された精算方法の確認です。契約を締結した際にこれらの書面が作成されているはずですので、必ず確認します。

たとえば、契約締結の際には事業者に交付書面の作成費、印紙税費などの初期費用がかかることもありますが、サービスの提供後に中途解約された場合、交付された書面に記載された精算方法に基づき、それぞれのケースにおいて、損害賠償金の請求が認められるかどうかを判断することになります。

特に交付される書面に記載されたサービス料金の精算方法が明確で妥当なものかどうかが検討されます。サービスの内容や対価から見て、不合理な内容を定めている場合、精算単価を無効にできる場合がありますので、事業者としては、消費者への交付前に記載内容をチェックすることが求められます。

■ 中途解約した場合に支払う損害賠償金の限度額

	サービス提供の前の解約	サービス提供後の解約
エステティックサロン	2万円	2万円と契約残額の1割を比較して低い方の金額
語学教室	1万5000円	5万円と契約残額の2割を比較して低い方の金額
家庭教師	2万円	5万円と1か月分の月謝相当額を比較して低い方の金額
学習塾	1万1000円	2万円と1か月分の月謝相当額を比較して低い方の金額
パソコン教室	1万5000円	5万円と契約残額の2割を比較して低い方の金額
結婚相手紹介サービス	3万円	2万円と契約残額の2割を比較して低い方の金額

婚活支援事業として、結婚相手を紹介するなどの事業を営む上で、契約の締結について注意するべき点を教えてください。

クーリング・オフや消費者契約法の規定に注意が必要です。

　本ケースのように、事業者が利用者に対して、結婚相手の紹介サービスを、継続的に2か月以上行っている場合には、特定商取引法上の特定継続的役務提供に該当します。そのため、利用者側からクーリング・オフを行使される可能性があります。その際に、事業者が注意しなければならないのは、クーリング・オフの行使期間は、契約に関する「書面を交付した日」から起算するという点です。そのため、必要な契約に関する書面を交付しない限りは、常にクーリング・オフが行使される可能性があります。

　また、利用者の結婚相手を紹介するサービスの提供期間が2か月に満たない場合には、特定継続的役務提供にはあたりませんが、その場合にも、消費者契約法の規定に注意する必要があります。具体的には、利用者に対して、登録者数や紹介可能な人数について、事実とは異なる説明を行い、利用者との間で契約を締結した場合には、利用者が消費者取消権を行使する可能性があります。また、契約条項の中に、途中での解約が不可能であるというような内容の条項を設けている場合であっても、利用者に一方的な不利益を与える方法で、権利を制限する条項として、契約条項が無効と判断されるおそれがあります。

業務を開始する際に必要な備品などを購入させる契約には、どのような問題点があるのでしょうか。

商品を購入しても思うような仕事がないなどの場合に、クーリング・オフできます。

　業務開始にあたり必要な備品などを購入させる契約は、特定商取引法上の業務提供誘引販売取引にあたる可能性があります。

　業務提供誘引販売業とは、特定の商品や役務（サービス）の利用で利益を受けられるのを誘い文句として、一定の金額を消費者に負担させ、商品の販売、役務の提供やこれらのあっせんを行う事業です。そして、業務提供誘引販売取引とは、業務提供利益を目的として顧客を誘引する取引、もしくは商品や役務のあっせんを目的として顧客を誘引する取引です。注意が必要な例として、モニター商法や資格商法が挙げられます。

　モニター商法とは、事業者が消費者に商品を販売し、その商品を利用した感想などの提出を求め、それに対してモニター料を支払う商法です。モニター商法では、消費者が商品を利用した上で、その感想などを提出すれば、モニター料を受領できるというのを誘い文句として、消費者に商品を販売しているので、業務提供誘引販売取引にあたると考えられています。モニター商法は、布団などの生活用具について、よく用いられる手段といえます。着物などについては、利用した感想などの提出を求めるのではなく、消費者に対し、購入した着物を着用した上で展示会などに出席すれば対価を支払う、というのを誘い文句とする場合も、モニター

第4章 ● 特定商取引法【連鎖販売取引・特定継続的役務提供・業務提供誘引販売業など】　195

商法に該当します。

　資格商法とは、特定の資格を取得することを条件に、その資格を活用した業務の提供・あっせんを行う商法です。直接的に資格取得のための講座や教材を販売するのみでは、業務提供誘引販売取引にはあたりませんので、注意が必要です。あくまでも事業者が、資格を取得すれば仕事の提供や紹介をするのを誘い文句として勧誘していることが重要です。たとえば、行政書士の資格を取得することを条件に、顧問行政書士として契約を締結し業務を依頼することを誘い文句として、行政書士の資格取得に必要な講座や教材の販売を行う契約などが挙げられます。裁判例では、行政書士の資格を取得したら、行政書士の本来の業務とはいえない行政書士試験の模擬試験の問題の作成などの業務を依頼するとの勧誘を行った場合も、業務提供誘引販売取引にあたると判断した例があります。この種の資格商法の特徴として、取得が比較的困難な資格を用いた商法であることが多いといえます。

　業務提供誘引販売取引に関するトラブルのおもな要因となるのが、「利益が得られると信じたから商品を購入したのに、実際はまったく儲からない」「約束したモニター料の支払いが滞るようになった」などです。儲からないことを知りながら、あるいはモニター料の支払いをする意思がなく、業務提供誘引販売取引を行う悪質な事業者も存在します。なお、商品の購入はクレジット契約により行われることが多いですが、この場合は、事業者から利益の支払いが行われなければ、消費者は商品購入代金についてクレジット会社に対する支払いを停止できます（抗弁権の接続）。

●**特定負担とは**

　特定負担とは、特定商取引法によると、顧客が抱えている金銭的負担を指します。たとえば、内職をすることで一定の利益を上げられることを誘い文句として、パソコンやソフトを購入させら

れた場合には、そのパソコンやソフトの代金が特定負担ということになります。

このように、業務提供誘引販売取引は、単なる物品の販売契約やサービスの提供契約ではなく、購入者が利益を得られることを誘い文句にするものでなければなりません。つまり、内職の契約など最初からなく、パソコンの売買契約のみが行われているという場合、それは「物品の取引」であって、業務提供誘引販売取引ではありません。ただ、業務提供誘引販売取引の場合、多くの契約において、パソコンや健康器具などを購入させることが事業者のおもな目的となっているため、問題となるのです。

● クーリング・オフが利用できる

業務提供誘引販売取引で商品を購入して業務に従事してみたが、思っていたように在宅ワークがはかどらなかった場合、契約を解除したいと考えるでしょう。この場合、クーリング・オフ制度を利用することができます。業務提供誘引販売取引のクーリング・オフの行使期間は、連鎖販売取引と同じく、適法な契約書面を受領した日から起算して20日間です。

■ 業務提供誘引販売取引のしくみ

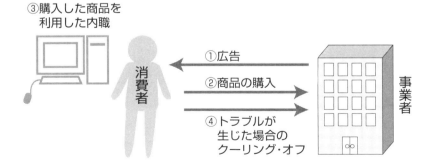

Question 16 業務提供誘引販売業者は、消費者に対してどのような書面を交付する義務を負いますか。

概要書面と契約書面を交付する義務を負います。

　特定商取引法は、事業者に対して、消費者の一定の書面を交付する義務（書面交付義務）を課しています。書面交付義務とは、契約の締結前の勧誘時や、契約内容に変更があった場合に、その契約内容が記された書面を消費者（無店舗個人に限る）に交付する義務のことです。勧誘時や契約前に消費者に対して交付する書面を概要書面、契約時や契約内容の変更時などの契約締結後に交付する書面を契約書面といいます。

　業務提供誘引販売取引では、概要書面の交付は、①店舗や事務所によらないで行う個人と契約を締結する場合、②特定負担のある契約を締結する場合に義務付けられます。

●契約書面の注意点

　契約書面についても、消費者（無店舗個人に限る）との間で業務提供誘引販売取引の契約を締結した際には、遅滞なく交付する必要があります。契約書面には次の事項を明記します。

・商品の種類、性能・品質、役務の提供を受ける権利や役務の種類、内容に関する事項
・商品・役務を利用する業務の提供・あっせんについての条件に関する事項
・特定負担に関する事項

・当該業務提供誘引販売契約の解除に関する事項
・事業者の氏名（名称・代表者氏名）、住所、電話番号
・契約の締結を担当した者の氏名
・契約年月日
・商品名・商品の商標または製造者名
・特定負担以外の義務の内容
・割賦販売法に基づく抗弁権の接続に関する事項

●取消権・損害賠償額の制限

　業務提供誘引販売業者が広告規制に違反するなど、消費者を誤認させた上で契約を締結した場合、契約を取り消すことが可能です。ただし、取消権はあくまで消費者と業務提供誘引販売業者の間だけで有効で、事業者の不正行為を落ち度なく知らない第三者がいる場合には、その人に主張することはできません。

■ 業務提供誘引販売取引についての特定商取引法の規制

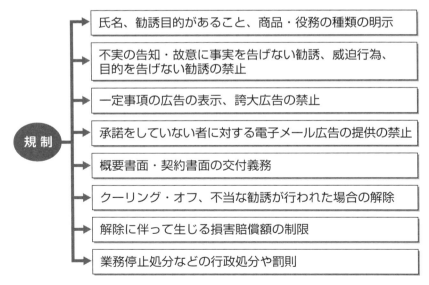

内職をあっせんする業務提供誘引販売取引について、いつまで消費者からクーリング・オフを受ける可能性があるのでしょうか。

原則として20日間はクーリング・オフの主張を受ける可能性があります。

　内職をあっせんして教材を購入させる行為などの業務提供誘引販売取引は、訪問販売などのクーリング・オフ期間（8日間）よりも長い20日間のクーリング・オフ期間が設定されています。あっせんした仕事の収入の程度などは、実際に仕事を行うなど、ある程度の期間が経過してはじめて判断可能であるため、比較的長期間が設定されています。そして、クーリング・オフ期間は、適法な契約書面を消費者が受領した日から起算しますので、契約書面に不備があるとクーリング・オフ期間が進行せず、いつまでもクーリング・オフができる状況になります。

　たとえば、①仕事の内容や報酬の算定根拠を明確に記載しなかった場合や、③クレジット契約時に支払総額が確定していない場合などは、消費者からクーリング・オフが主張される可能性が充分あります。消費者がクーリング・オフをする際は、通信教育費を分割払いしているのであれば、信販会社に支払いを止めるよう求めます。割賦販売法により支払いの中止を請求できる権利（支払停止の抗弁）が消費者に認められているからです。

　なお、消費者は、必ず書面でクーリング・オフを事業者に伝えなければなりませんので、書面は内容証明郵便や簡易書留で送付されてくることが多いといえます。

Question 18 事業者がネットショップの開設、商品の仕入れ・発送の代行などを提供し、他人に商品を販売させるのは、法的に問題がありますか。

クーリング・オフや契約取消権を行使される可能性があります。

　本ケースのようにウェブサイトの閲覧者が商品を購入する際、商品の発送をウェブサイトの運営者ではなく、製造元や卸元が行うというネット販売の方法をドロップシッピングと呼びます。ドロップシッピングは、ウェブサイトの運営者が自分のところでは在庫を持たず、発送手続などをせずに商品を販売できるという特徴があります。そして、ウェブサイトの運営者は、ドロップシッピングをはじめるにあたって、事業者にサイト製作費用や各種手数料などを支払うのに対し、仕入れ値と販売価格の差額が自分の収入となることから、特定商取引法上の業務提供誘引販売取引に該当するケースが多いとされます。

　業務提供誘引販売取引に該当する場合、事業者は、ウェブサイトの運営者からクーリング・オフを行使される可能性があります。クーリング・オフは20日間の行使期間が設定されていますが、適法な契約書面を交付した日から行使期間が起算されますので、適法な契約書面を交付しなければ、事実上は常にクーリング・オフを行使されるおそれがあるため注意が必要です。

　その他にも、事業者は、不実告知や重要事項の故意の不告知によって誤認したことを理由に、契約取消権が行使される可能性にも留意しなければなりません。

Question 19 ホームページを開設して、手作りの小物の広告を掲載する契約を結びましたが、この契約を取り消すことは可能ですか。

クーリング・オフや契約取消権の行使が可能です。

　アフィリエイトとは、ホームページに広告のリンクを貼り、閲覧者がクリックしてリンク先のページにアクセスし、商品を購入した場合に、ホームページの運営者が売上げの一部を手に入れることができる成果報酬型の広告です。

　本ケースのように、事業者がアフィリエイト広告の出稿を持ちかける場合に、事業者側が提供するソフトなどを利用してホームページを開設することがあります。この場合、運営者は、ホームページの開設費用やソフトなどの利用料を負担して、アフィリエイト広告を掲載するため、このような負担が特定負担にあたると考えられます。したがって、本ケースは特定商取引法上の業務提供誘引販売取引だといえるでしょう。そのため、適法な契約書面の受領日から起算して20日間は、運営者からクーリング・オフの行使を受ける可能性があります。事業者が契約の解除について不実告知や威迫行為があると、クーリング・オフ期間が延長されることに留意が必要です。

　その他にも、業務提供誘引販売取引の勧誘に際して、事業者の不実告知や重要事項の故意の不告知により、運営者が誤認して契約を締結したと認められる場合には、運営者から契約取消権の行使を受ける可能性もあります。

消費者が頼んでいない商品を送付するような販売形式でも、売買契約の成立が認められるでしょうか。

頼んでいない商品を送付して代金を請求する販売形式で、契約の成立が否定されます。

　事業者が勝手に頼んでもいない商品を送り付けるような販売形式は、ネガティブオプションと呼ばれる販売形式にあたる可能性があります。ネガティブオプションとは、「送り付け商法」「押し付け販売」とも呼ばれる商法のことです。

　ある日突然、消費者の自宅に注文した覚えのないものを請求書といっしょに送付して、同封の書面に「何日以内に返品が行われなければ、購入したものとみなします」などと記載する事業者がいます。また、何ら注文していない商品を送付する以外にも、他の商品を注文していた消費者に対して、別の商品を送り付ける場合も、ネガティブオプションの類型に含まれます。

　消費者に対しまったく注文していない書品を送り付けた後に、電話で商品の代金の支払いを迫るケースもあります。このケースは、商品の送付部分について、ネガティブオプションの類型に含まれると同時に、電話勧誘販売にもあたるケースといえます。また、一方的な商品送付前に、「商品到着後3日以内に、契約を拒否する意思表示を行わない場合には、契約に申し込んだものとみなします」などといった書面を送付したり、代金引換郵便を利用して、一方的に商品を送付するという悪質なケースまで現れています。特に、代金引換郵便を利用したケースでは、もともと商品

第4章　●　特定商取引法【連鎖販売取引・特定継続的役務提供・業務提供誘引販売業など】　203

を注文していないため、ネガティブオプションに該当します。

　売買契約か否かにかかわらず、契約というものはお互いの同意がなければ成立しません。買う気のない人に一方的に商品を送り付けただけでは、契約が成立したとは認められません。

　ネガティブオプションには、消費者は返品や代金の支払いなどを行う必要はありませんし、クーリング・オフを行う必要もありません。消費者としては商品を処分したいところですが、たとえ送り付けられたものだといっても、事業者の所有物であることに変わりはありません。そのため、送り付けられた側は、14日間の商品保管義務が課せられています。この期間内に商品を捨てたり処分すると、購入の意思があったとみなし、事業者が代金支払請求をすることが可能な場合もあります。

　また、たとえ消費者が買う気がなくても、代金引換などで家族がお金を支払うと、事業者は購入の意思があったとみなすことができます。もっとも、ネガティブオプションでは、代金引換郵便で送り付け、受け取った方は家族の誰かが購入したのだろうと勘違いして支払ってしまう、といったようなケースも目立っているので注意が必要です。

■ 送り付け商法と商品の処分

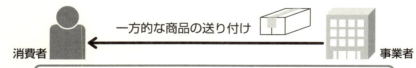

Question 21 ネガティブオプションについて、特定商取引法が適用されない場合はどのような場合ですか。

消費者が商品の購入を承諾した場合などには適用されません。

　特定商取引法では、ネガティブオプションについて消費者を保護する規定を置いています。ただし、以下のケースに該当する場合には、商品の一方的な送り付けがあったとしても、特定商取引法の規制は適用されません。

・商品の送付を受けた者が購入を承諾した場合

　消費者がだまされたり、勘違いしたわけではなく、真意で購入を望むのであれば、送り付け商法であっても売買契約が成立することになります。消費者は通常代金の支払義務を負うことになります。14日の保管期間中に、その商品を使用・処分した場合にも、購入意思があったものとして取り扱われます。

・受け取った人が送り付けた業者に商品の引き取り請求を行い実際に引き取られた場合

　特定商取引法では、ネガティブオプションで送り付けられてきた商品を「売買契約に基づかないで送付された商品」として定め、14日間を保管期間として未使用のまま保管しておく必要があると規定しています。もっとも、事業者側が、引取期間中に引き取りに来た場合には、その後は消費者にとって、保管や取扱いの問題がなくなりますから、問題ありません。

・送付を受けた者が一般の消費者ではなく会社などの商人である

場合(受取人にとって商行為となる売買の申込み)

　事業者を規制して消費者を保護することが目的であるため、送付を受けた者(受取人)が会社などの商人である場合(受取人にとって商行為となる売買の申込みの場合)には、ネガティブオプションに関する特定商取引法の規定は適用されません。

●会社や事業者が受け取った場合

　受取人にとって商行為となる売買の申込みは適用の対象外になるということは、会社間での送付など、ビジネスでネガティブオプションが行われる場合には、特定商取引法の規制が適用されないということを意味します。ただし、「14日経過したから自由に処分できる」ということにはならないだけで、契約が成立したものとして扱われるというわけではありません。

　受け取った側の会社・事業者としては、トラブルを回避するため、「契約は存在していない」ことを記載した内容証明郵便を送付して、明確な意思を示してもよいでしょう。

■ ネガティブオプションの規制が適用されない場合

規制の対象外となる場合

① 商品の送付を受けた者が、購入を承諾した場合
　商品を受け取った際に代金の支払いを行うことや、保管期間中に商品を使用・処分した場合には購入の意思があったとみなされる

② 販売業者が商品を引き取った場合
　業者に商品の引取り請求を行い、実際に引取りが完了すれば保管の問題がなくなる

③ 商品の送付を受けた者が会社などの商人にあたる場合
　特定商取引法は、消費者を保護するためのものなので、ビジネスでネガティブオプションを行う場合は規制の対象外となる

第5章

割賦販売法

商品などの代金を後で支払うクレジット契約のうち、割賦販売法が適用されない場合があるのでしょうか。

契約類型に応じて、割賦販売法が適用されない場合があります。

　商品を購入したり、サービスの提供を受けた際に、その代金を後に支払う方式を、一般にクレジット契約といいます。割賦販売法がクレジット契約として規定する主な契約類型には、割賦販売、ローン提携販売、包括信用購入あっせん、個別信用購入あっせん、前払式特定取引などが挙げられます。

　もっとも、これらの契約類型に含まれることによって、当然に割賦販売法の適用を受けるわけではありません。

　割賦販売とローン提携販売は、取引の対象が指定商品・指定権利・指定役務（サービス）である場合のみ割賦販売法の適用の対象となります（次ページ図参照）。「指定」とは政令によって指定されることを意味しており、政令指定制度と呼ばれています。つまり、割賦販売とローン提携販売の場合については、政令によって指定された指定商品、指定権利、指定役務（サービス）のみが適用対象になるということです。

　注意が必要なのは、割賦販売法の適用対象になる「権利」の扱いです。割賦販売法においては、権利についても政令指定制度が採用されていますが、特定商取引法においては、法律が適用対象を明確にしており（これを特定権利制度といいます）、両者には違いがあります。

208

これに対して、包括信用購入あっせん・個別信用購入あっせんについては、かつては商品・権利・役務（サービス）のすべてに関して、政令指定制度を採用していました。しかし現在では、商品と役務については政令指定制度が廃止されていますので、原則として、すべての商品・役務が適用対象になります。他方で、権利については政令指定制度が維持されていますので、指定権利のみが適用対象になります。

　前払式特定取引は、すべての商品と指定役務（下図の前払式特定取引の指定役務）に適用対象が限定されています。

■ 割賦販売法の規定する指定商品・指定権利・指定役務

種類	指定されている対象物
指定商品 （抜粋）	真珠・貴石・半貴石、幅が13cm以上の織物、履物及び身の回りの品を除く衣服、ネクタイ・マフラー・ハンドバッグ等の装身具、履物、書籍、ビラ・パンフレット・カタログ等の印刷物、ミシン・手編み機械、はさみ・ナイフ・包丁等の利器、浄水器、レンジ、天火、こんろ等の料理用具、化粧品、化粧用ブラシ・化粧用セットなど54項目。
指定権利	①人の皮膚を清潔・美化し、体型を整え、または体重を減らすための施術を受ける権利、②保養のための施設またはスポーツ施設を利用する権利、③語学の教授を受ける権利、④学校や専修学校の入学試験のための備えや学校教育の補習のために学力の教授を受ける権利、⑤児童・生徒・学生を対象としている、サービスを提供する事業者の事業所で行われる、入学試験への備えや学校教育の補習のための学力の教授を受ける権利、⑥電子計算機・ワードプロセッサーの操作に関する知識・技術の教授を受ける権利、⑦結婚を希望する者を対象とした異性の紹介を受ける権利。
指定役務 （抜粋）	人の皮膚を清潔・美化し、体型を整え、または体重を減らすための手術を行うこと、入学試験の備えまたは学校教育の補習のための学力の教授、結婚を希望する者を対象とした異性の紹介、など10項目。
前払式 特定取引の 指定役務	婚礼・結婚披露のための施設の提供・衣服の貸与その他の便益の提供及びこれに附随する物品の給付、葬式のための祭壇の貸与その他の便益の提供及びこれに附随する物品の給付。

商品代金などを後払いの分割方式で支払う契約について、どのようなトラブルが発生していますか。

消費者の返済能力を超える契約になってしまう場合があります。

　割賦販売法で規制される悪質行為には次ページ図掲載のものがあります。特に消費者との間でトラブルが多発している取引が個別信用購入あっせん（個別クレジット）です。
　消費者を勧誘し、契約するかどうかという段階にまで話が進んだとしても、消費者が現金やクレジットカードを所持していなければ、契約を結ぶことは難しいのが現実です。そこで、事業者が持ち出すのが個別クレジットによる契約を締結する話です。個別クレジットは、手元にお金がなくても、後払いで商品やサービスの購入ができる契約システムで、消費者・事業者双方に都合のよい取引です。しかし、その反面、クレジット業者が契約者の返済能力を超える金額の商品・サービスの購入を求めることがあり、悪質商法や多重債務問題を招く原因にもなっています。中でも深刻なトラブルが、消費者に必要以上の商品の購入を求める過量販売や、複数の機会にわたって少しずつ何度も購入を求め、次々販売の支払いを個別クレジットにより行わせるトラブルです。
　悪質なことをするつもりはなくても、利益の向上を追求するあまりにいつの間にか悪質商法の加害者になっているということもあります。クレジット業者と提携して販売を行っている販売業者は、悪質商法に関与しているようなイメージをもたれないように

気をつける必要があるでしょう。一方、割賦販売やローン提携販売は、悪質商法として取り上げられるようなトラブルが比較的少ないようです。

■ 割賦販売法によって規制されるおもな悪質行為

取引	規制される悪質行為
割賦販売	・消費者からの契約解除を不当に妨げる条項を定めている ・一度でも支払いが滞ると、直ちに全額請求できる条項を置いている
ローン提携販売	・消費者からの契約解除を不当に妨げる条項を定めている ・販売商品に問題があった場合の支払拒否請求に応じない
包括信用購入あっせん （包括クレジット契約）	・カード会員の入会審査にあたって信用調査をしない ・法律で定められた支払限度額を超える限度額を設定したクレジットカードを交付する ・個人情報やクレジットカード番号の管理をおろそかにする ・個人情報を漏えいさせる
個別信用購入あっせん （個別クレジット契約）	・次々販売（消費者のもとを何度も訪れて次々と販売すること） ・過量販売（消費者にその消費者が必要とする以上の商品を購入させること） ・クレジット契約の締結にあたって信用調査をしない ・消費者からの契約取消やクーリング・オフに応じない ・契約取消やクーリング・オフした消費者からの返金請求に応じない ・個人情報の管理をおろそかにする ・個人情報を漏えいさせる
前払式特定取引	・解約できるにもかかわらず、消費者からの解約を不当に拒否すること ・あらかじめ「契約の解除ができない」という特約を置く

Question 3 割賦販売とはどのような方式の契約なのでしょうか。また具体的にはどのような支払方式がありますか。

購入者と販売業者間の契約で、クレジットカード使用の有無で支払方式が分類されます。

割賦販売法で定める割賦販売とは、販売業者・役務提供事業者が、商品・権利・役務の対価を2か月以上の期間にわたり、かつ、3回以上に分割して受領することを条件にして、商品・権利・役務の販売を行うことを意味します。割賦販売の対象となるのは、政令で指定された商品・権利・役務（指定商品・指定権利・指定役務）に限られます。

また、支払いの形態が「2か月以上の期間にわたり、かつ、3回以上」のものに限られるので、たとえば2回払いで購入しても、割賦販売法の適用対象にはなりません。なお、購入者が代金の支払いを完済させるまでは、商品などの所有権は販売業者に留保されます。

割賦販売は購入者と販売業者（またはサービスの提供事業者）の二者間の取引です。

支払形態ごとに分類すると、個々の取引ごとに申込みを行う個品方式と、販売業者が発行するクレジットカードを利用する方式に分けることができます。クレジットカードを利用する方式のうち、事前に包括的な契約を締結して分割払いで支払うものが総合方式、リボルビング払いで支払うものがリボルビング方式です。クレジットカードを利用する方式では、カードに利用限度額や支

払条件など詳細な事項を記載しておくことができるため、個別の契約ごとに契約条項を定めることなく、効率的に契約締結に結びつけることができます。また、クレジットカードを利用しない契約では、購入者の支払能力などに関して、契約のたびに調査しなければなりません。そのため、クレジットカードを利用する場合よりも、販売業者は代金の支払いが滞るリスクを軽減できます。もっとも、クレジットカードを利用する場合には、事前に調査した購入者の支払能力などに応じて、利用限度額を決定しているため、販売業者が負うリスクは過大とはいえません。

割賦販売は、通常代金を後払いする形態が多いようですが、指定商品を引き渡すに先立って、購入者から2回以上にわたって代金の全部または一部を受領する前払式割賦販売という割賦販売もあります。前払式割賦販売は消費者が先に代金を支払うため、消費者が損害を被るおそれがあります。そのため、前払式割賦販売を行うことを検討している事業者などは、あらかじめ経済産業省の許可を得ることが必要です。

■ **割賦販売のしくみ（商品の販売の場合）**

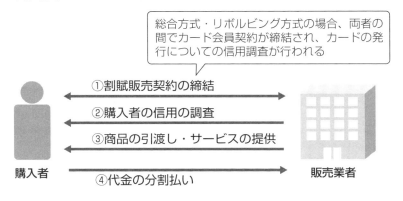

割賦販売業者が広告に記載する事項について注意する点はありますか。また、契約書の交付など契約時に気をつける点はありますか。

広告には過不足なく法定事項を示し、必要事項を記載した契約書面の交付が必要です。

割賦販売業者は自己に都合のよいことだけを広告してはいけません。広告をする際には、支払方式に応じて支払期間や支払回数、利率といった法定事項を一括して表示します。

割賦販売業者は、割賦販売契約を締結した場合には、必要事項を記載した契約書面を交付しなければなりません。個品方式と総合方式の必要事項は、①商品などの割賦販売価格、②1回ごとの支払分（賦払金という）の額、③賦払金の支払時期及び方法、④商品等の引渡時期、⑤契約の解除に関する事項、⑥所有権の移転に関する定めがあるときはその内容、⑦その他割賦販売法施行規則で定められている事項、です。

リボルビング方式の場合、上記の④〜⑦に加えて、商品などの現金販売価格・弁済金の支払方法が必要事項となります。また、リボルビング方式の場合、代金請求の際に、あらかじめ支払時期・支払金・算定根拠を明示した書面が購入者に対して交付されることになっています。

●契約の際に気をつけること

契約をしたものの、さまざまな手違いがあって事業者が当初の予定どおりに契約を履行できないこともあります。このような場合に備えて、購入者の解除権をあらかじめ失わせることを内容と

する特約や、解除の効果を民法の定めよりも不利にする特約を結ぶことは認められていません。契約不適合（瑕疵担保）責任の免責特約も原則として禁止されています。事業者の利益を守るために消費者の利益を不当に害するような条項を定めることは、消費者保護の観点から、割賦販売法で禁止されているということは知っておく必要があるでしょう。

　また、多くの契約では、債務者が定められた支払金を払わない場合、債権者は期限の利益を喪失させ、残価の一括での支払いを要求することが多いようですが（期限の利益喪失条項といいます）、割賦販売法では、期限の利益を喪失させるためには20日以上の期間を定めて催告しなければならないという義務を販売業者に対して課しています。割賦払いを少し怠っただけで解除されてしまうのでは購入者に酷であるため、このような販売業者の解除権を制限する規定が置かれているのです。

　その他、契約を解除されたとしても、購入者が不当な賠償金を請求されることのないように、損害賠償額（遅延損害金）を一定の範囲に制限する規定が置かれています。

● **消費者が約款を確認できるように説明する**

　実際に契約を締結しても、特約を根拠として契約解除や損害賠償請求ができない可能性があることは、事業者として知っておく必要があります。契約解除や損害賠償請求に関する特約について法律が制限を設けているといっても、その制限を遵守している特約は有効ですが、ボーダーライン上にある特約は、裁判などの形で長期にわたって消費者側と争うことにもなりかねません。

　そのようなトラブルに巻き込まれないため、事業者は、消費者側に約款の内容を十分に説明・確認させ、納得してもらった上で契約を締結することが必要だといえるでしょう。

割賦販売により購入した商品について、代金を完済していなくても、購入者が所有権を取得することができるのでしょうか。

耐久性のある商品については、原則、代金完済まで所有権は販売業者に留保されます。

　たとえば、販売店Aが消費者Bに自動車あるいはパソコンを分割払いで売却する契約をする場合、民法の原則に従うと、当事者間の特約がない限り、売買契約の締結時に、自動車やパソコンの所有権が買主に移転します。

　しかし、商品が割賦販売の方式で売買された場合には、売買契約の締結時に商品の所有権が買主に移転してしまうと、割賦払いの途中で買主が支払いを滞らせた場合に、売主が代金の完済を受けられる保証がなくなり、売主の負担が大きくなりすぎる危険があります。そこで、割賦販売法では、耐久性がある政令が指定する商品については、代金が完済されるまで商品の所有権が売主に留保される（所有権留保）という推定規定が置かれています。

　そのため、上記の例のような自動車やパソコンの所有権は、売買代金の全額が支払い終わるまで、売主に留保されるという所有権留保の特約をつけることが可能です。これにより、売主である販売店Aは、買主である客Bの賦払金の支払いが滞ったときは、売買契約を解除した上で、所有権に基づいて自動車あるいはパソコンの返還を求めることができます。所有権留保は、割賦販売の場合について、売買代金を売買商品そのもので担保するようなものだといえます。

代金を一括払いではなく、ローンにより販売した取引で、買主が代金を支払えなくなった場合、販売業者は責任を負いますか。

買主が支払いを滞った場合に備え、販売業者が保証債務を負うことがあります。

　消費者が、信販会社（金融機関）とのカード契約に基づき発行されたクレジットカードを利用して商品を購入する際、その代金を信販会社から借り入れ、2か月以上の期間にわたり、かつ、3回以上に分割して信販会社に返済することを条件に、販売会社が消費者の債務を保証する販売方式をローン提携販売といいます。

　ローン提携販売のしくみは、まず買主が販売業者との間で商品等の売買契約を結ぶ際、買主と信販会社の間でカード契約に基づき金銭消費貸借契約が締結され、買主が信販会社から商品等の代金分の金銭を借り入れます。買主は、借り入れた金銭を売主に対する支払いに充てますが、この際、買主の返済債務について売主と信販会社の間で保証契約が結ばれます。その後、買主が信販会社に対し、月々のローンを返済していきますが、買主が支払いを延滞した場合は、保証債務を負う売主が返済します。なお、販売業者が専門の保証業者に保証を委託することもあります。

●条件の表示と書面の交付
　割賦販売法は、販売業者に対して、広告表示に関する規制を定めるとともに契約書面の交付義務を課しています。
① ローン提携販売条件の表示
　販売業者は、取引を行う際に、商品・権利の現金販売価格や役

務の現金提供価格、支払総額、借入金の返還の期間や回数、借入金の利率やその他の手数料の料率などを購入者（買主）に表示することが必要です。

② 書面の交付

契約締結時に、販売業者は購入者に対して、遅滞なく、支払総額や分割返済金、返済時期、返済方法、契約解除に関する事項など、所定の内容を記載した書面を交付することが必要です。

●契約内容についての規定

割賦販売と同様に、購入者を保護する規定が設けられています。具体的には、契約不適合（瑕疵担保）責任を免除する特約も原則として禁止されます。また、販売業者に債務不履行があった場合に購入者が行使できる解除権を不当に制限する特約も禁止されています。ただし、割賦販売法では、ローン提携販売について、割賦販売では規制されていた解除の際の損害賠償額（遅延損害金）の制限についての規制や、期限の利益を喪失させる措置についての規制は定められていません。

■ ローン提携販売のしくみ

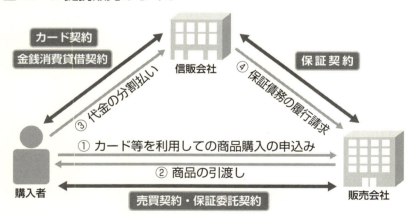

クレジットカードを利用した契約で、購入者の支払能力を調査する義務を負いますか。

購入から支払いまで2か月を超える契約が対象で、カード発行会社が購入者の支払能力について調査する義務を負います。

　包括信用購入あっせんを一言でいうと、クレジットカードを利用した商品等の購入のことです。購入者（消費者）がクレジットカードを利用して販売業者から商品等を購入した場合、カード発行会社が販売業者に対して立替払いを行い、購入者はカード発行会社に対して代金を2か月超の分割払いなどで返済します。

　このように、包括信用購入あっせん業者（カード発行会社）の交付するクレジットカード（会員番号・パスワードなどの付与による場合もあります）を利用して商品等を購入し、販売業者が包括信用購入あっせん業者から立替払いを受け、購入者が代金を包括信用購入あっせん業者に対して支払う形態を包括信用購入あっせん（包括クレジット）といいます。包括信用購入あっせん業者については、開業にあたり登録制がとられています。

　包括信用購入あっせんの原則的な形態は、カード発行会社と販売業者の間で、加盟店契約（販売業者がカード発行会社のクレジットカードで決済できるようにするため、カード発行会社との間で締結する契約）が締結されている場合です（次ページ図）。

　しかし、包括信用購入あっせんにおいて、カード発行会社と加盟店契約会社（販売業者との間で加盟店契約を締結する会社で、

アクワイアラとも呼ばれます）が異なるという形態が一般化しています。そのため、カード発行会社について登録制を採用するだけでは、加盟店契約会社への規制が行き届きません。そこで、割賦販売法では、加盟店契約会社について、その開業にあたり立替払取次業者としての登録を義務付けています。

● 対象となる契約とは

割賦販売法の規制対象は、購入から支払いまでが2か月を超えるものです。これに該当する場合には、1回払い・2回払いも規制対象に含まれます。ただし、翌月一括払いの支払方法（マンスリークリアカード）は、決済手段としての性格が強いことから、割賦販売法の規制対象外とされています。

包括信用購入あっせん業者は、購入者がクレジットカードを利用する際、購入者の支払能力を超えた支払限度額が設定されないようにするため、購入者の支払能力などの調査義務を負っています。この信用調査の際には、経済産業大臣が指定する指定信用情報機関（株式会社シー・アイ・シー）を利用することが必要です。

■ 包括信用購入あっせんの原則的なしくみ

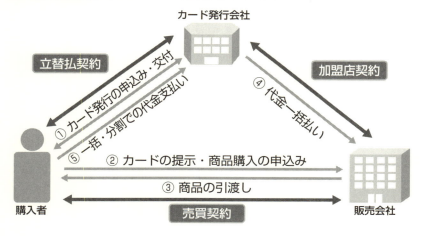

加盟店で商品を購入するためのクレジットカードを交付した業者は、どのような義務を負うのでしょうか。

利用者の支払能力を調査する義務を負い、支払能力を超えるクレジットカードの発行は禁止されます。

　新規でクレジットカードを交付する場合や、交付済みであるクレジットカードの利用可能限度額を変更する場合は、利用者の支払能力や借入れの状況等について、包括信用購入あっせん業者による調査が行われます。利用者の収入や財産状況に見合わない限度額が設定されてしまうことで、多重債務・カード破産といった事態が生じるのを防止するためです。この調査に基づき、利用者の支払能力を超えるクレジットカードの発行は禁止されます。ただし、利用限度額が30万円以下のクレジットカードを発行する場合には、この規制が適用されません。

　簡単に言うと、支払可能見込額（年収と預貯金の合計額からクレジット債務と生活維持費を除いた金額）の90％にあたる金額を超える極度額（限度額）を定めるクレジットカードの発行が禁止されます。生活維持費の金額は、住宅ローンの返済、家賃の支払いの有無や世帯人数を基に、法令で定められています。

　さらに、利用者が利用限度額の増額を希望する場合も、その支払能力を超えた利用限度額の設定にならないように注意する必要があります。この場合も、包括信用購入あっせん業者は、クレジットカードの発行時と同様の調査義務を負います。

第5章　●　割賦販売法

 包括信用購入あっせんについて、どの程度の内容について、購入者に契約内容を明示する必要がありますか。

 支払回数や手数料など、取引条件に関して記載した契約書の交付が必要です。

　購入者（利用者）は、クレジットカードの交付を受ける際、包括信用購入あっせん業者から、利用限度額（極度額）をはじめ、支払回数や支払期間、あっせんの手数料やその割合など、取引条件が明示された書面の交付を受けます。

　包括信用購入あっせん業者がクレジットカード交付時の取引条件について広告するときは、割賦販売と同様、これらの取引条件を一括して表示することが必要です。この取引条件の明示義務に違反した業者には、罰金刑が科される可能性があります。

　そして、クレジットカードを利用して商品等を購入する契約を締結した際には、購入者は、販売業者と包括信用購入あっせん業者のそれぞれから書面の交付を受けます。販売業者からは、現金販売価格、商品名、商品の引渡時期などについて記載された書面の交付を受けます。他方で、包括信用購入あっせん業者からは、支払総額、支払回数、各回の支払時期などについて記載された書面の交付を受けます。

　販売業者の契約不適合（瑕疵担保）責任を免責する特約が制限されている点や、契約を解除した購入者が支払う損害賠償額（遅延損害金）が制限されている点、期限の利益を失わせる措置を採る場合の規制が設けられている点は、割賦販売と同様です。

事業者が販売した商品に欠陥があった場合、購入者がカード会社からの支払請求を拒否することは認められますか。

抗弁権の接続により、カード会社への支払を拒否することが認められます。

　一般的な商品売買では、商品に欠陥（契約不適合）が見つかった場合や、期日までに商品が届かなかった場合、購入者は販売業者に対し、商品の交換・修理の請求や、契約の取消・無効・解除といった事由を、代金支払の拒絶という形で主張（対抗）することができます。これを抗弁権といいます。このとき、購入者が抗弁権を主張する相手は、取引相手である販売業者です。

　クレジットカードを利用した売買の場合、購入者が代金を支払うのは、販売業者ではなく、原則としてカード会社（包括信用購入あっせん業者）です。つまり、商品を購入する契約と、代金支払のためにカード会社と締結した契約とは、まったく別の契約であるといえます。そのため、商品の売買契約における抗弁権は、あくまでその売買契約の相手（販売業者）に対してのみ主張可能であって、他の契約の当事者（カード会社）には主張できないのが原則だといえます。

　しかし、割賦販売法では、購入者が販売業者に対して代金支払を拒絶できる事由（抗弁事由）をもっている場合、その抗弁事由をカード会社に対して主張することを認めています。これを抗弁権の接続（支払停止の抗弁）といいます。つまり、販売業者との契約関係に問題があるため、販売業者に対して上記のような抗弁

事由を主張できるのであれば、その抗弁事由をカード会社にも主張して、購入者が代金支払をストップすることができるのです。

抗弁権の接続が認められるには、まず包括信用購入あっせんの方式により、販売業者と購入者の間で、商品の販売、役務（サービス）の提供、権利の移転に関する契約が締結されたことが必要です。包括信用購入あっせん方式の他にも、個別信用購入あっせんの方式であっても抗弁権の接続の対象になります。

次に、契約締結の場所は問われないため、店舗で販売した場合に限らず、訪問販売の形式であっても抗弁権の接続の対象に含まれます。ただし、支払総額（割賦販売価格）が4万円未満の場合には、抗弁権の接続が認められません。

そして、抗弁権の主張は、商品の販売契約などについて生じた事実に基づく主張でなければなりません。他の事実に関して主張できる事情があっても、抗弁権の接続は認められません。

■ **抗弁権の接続のしくみ**

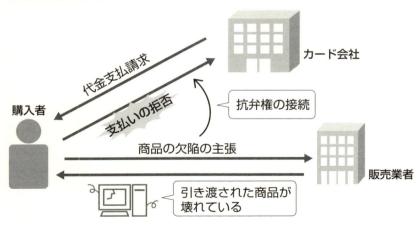

分割払いで商品を購入する場合に、クレジットカードを利用しなくてもよい契約はあるのでしょうか。

クレジットカードがなくても、代金を分割方式にできる契約方式があります。

　個別信用購入あっせん（個別クレジット）であれば、手元に現金やクレジットカードがなくても、分割払いによって商品を購入できるというメリットがあります。その反面、「消費者が支払能力を超える長期間の返済を迫られている」「販売会社にだまされて分割払いで契約した」といったトラブルが多発しています。また、立替払いをする個別クレジット業者は、販売業者と密接な関係を持っていることが多く、販売業者の悪質な勧誘によって得た利益の配分に与っているケースもあります。そのため、消費者被害を防ぐ目的から、割賦販売法では個別信用購入あっせんに対する規制が行われています。

　個別信用購入あっせんとは、購入者が商品等（商品・役務・指定権利）を購入する際、販売業者と提携する個別信用購入あっせん業者（個別クレジット会社）が購入者に代わって立替払いをした上で、その金額と立替手数料の合計額を購入者から分割で回収するという方式です。クレジット契約・ショッピングクレジットと呼ばれることが多いようです。個別信用購入あっせんでは、購入者、販売会社、クレジット会社などの三者が登場します。個別信用購入あっせん業者は、開業にあたり登録制をとっており、資産5000万円以上が必要です。

第5章 ● 割賦販売法　225

個別信用購入あっせんの場合、商品等の代金は個別クレジット会社から販売業者に立て替えられ、購入者が2か月を超えてから分割払いや1回払いなどの方法で個別クレジット会社に返済します。通常、代金の支払が完済するまでは、目的物や権利の所有権を個別クレジット会社が留保する形になります。

包括信用購入あっせんと同様、購入から支払いまでが2か月を超えるもの（翌月1回払い以外のもの）であれば、1回払いや2回払いであっても規制対象に含まれます。

個別信用購入あっせんは、クレジットカードがなくても商品を購入できる点で消費者には便利です。ただ、包括信用購入あっせんの場合、購入者はクレジットカードを選択できますが、個別信用購入あっせんの場合、個別クレジット会社は販売業者の都合で決まり、通常は消費者が選択することはできません。

■ 個別信用購入あっせん契約のしくみ

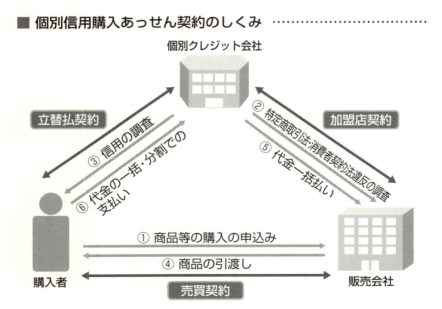

商品などの代金を後払いで分割して支払う契約では、どのように購入者の支払能力を算定するのでしょうか。

支払可能見込額を超える個別信用購入あっせん契約を締結することは禁止されています。

個別信用購入あっせんの場合も包括信用購入あっせんと同様、支払能力を超える契約の締結が禁止されており、購入する商品の1年間あたりのクレジット支払額が「支払可能見込額」以下でなければ契約できません。支払可能見込額は、主に購入者の年収から、生活に必要な費用（生活維持費）と他の割賦販売などによる残債務を差し引いた金額を基準に判断が行われます。

支払可能見込額を超える個別信用購入あっせん契約を締結することは禁止されています。しかし、生活必需品として10万円以下の購入するにあたり、個別信用購入あっせん契約を締結する場合には、支払可能見込額による制限が適用されません。

■ 支払可能見込額の算定

 ➡ 年収から生活維持費（下記金額）、クレジット債務などを除き、返済履歴や商品の担保価値などを総合的に検討して算定

●生活維持費
1人世帯 ➡ 90万円（住宅ローンや家賃支払いがある場合には116万円）
2人世帯 ➡ 136万円（住宅ローンや家賃支払いがある場合には177万円）
3人世帯 ➡ 169万円（住宅ローンや家賃支払いがある場合には209万円）
4人世帯以上 ➡ 200万円（住宅ローンや家賃支払いがある場合には240万円）

Question 13 個別信用購入あっせんにおいて、個別クレジット会社が負う調査義務は、すべての契約が対象になりますか。

5種類の契約について、個別クレジット会社は販売業者に対する調査義務を負います。

　支払いを個別クレジット契約（個別信用購入あっせん契約）によって行う訪問販売やマルチ商法でトラブルが生じることを防ぐため、特定商取引法の定める一定の取引（特定契約）を販売業者が行う場合、個別クレジット会社（個別信用購入あっせん業者）は、消費者契約法や特定商取引法に違反する事実の有無を調査することが義務付けられています。ここで「特定契約」とは、販売業者が個人の購入者との間で、特定商取引法が規定する、①訪問販売、②電話勧誘販売、③連鎖販売取引に関して個人との間で結ばれる契約のうち一定のもの、④特定継続的役務提供、⑤業務提供誘引販売取引に関して提供される業務について行われる個人との契約（業務提供誘引販売個人契約）のことを指します。

　販売業者に対する調査は、加盟店契約の締結時、個別クレジット契約の審査時、購入者から苦情があった時の3つの段階で行われます。各段階において、契約の内容や販売業者の勧誘方法の適正性など、不正に与信を行っていないかを調査します。

　調査の結果、申込みや契約の勧誘について違法行為が見つかった場合には、個別クレジット会社（個別信用購入あっせん業者）は、勧誘の相手方（消費者）に対して個別信用購入あっせん関係受領契約の申込みやその承諾をすることが禁止されます。

個別信用購入あっせんにおいて、販売業者は購入者に対してどの程度の内容の取引条件を記載した書面を交付する義務がありますか。

契約締結時に法定事項を記載した書面（契約書面）を交付する義務を負います。

　商品等を販売しようとする（広告する）場合、販売業者は、購入者に対し、現金販売価格、支払総額、支払期間・回数などの取引条件を明示しなければなりません。取引条件の明示は、必ず書面の交付により行う必要があります。

　その後、個別信用購入あっせん（個別クレジット）を利用して商品等の販売契約が結ばれた場合には、販売業者と個別信用購入あっせん業者（個別クレジット会社）は、購入者に対し、商品等の引渡時期、支払総額、支払時期・方法、クーリング・オフに関する事項などを明記した書面（契約書面）を交付しなければなりません。そして、個別信用購入あっせん契約（個別クレジット契約）に関する契約書面は個別クレジット会社が商品等の販売契約に関する契約書面は販売業者が、それぞれ交付義務を負いますが、実務上は両者の契約書面を１通の書面にまとめて、販売業者に交付させることが認められています。

　なお、個別クレジット会社による契約書面の交付義務の対象になる契約は、特定商取引法で規定されている訪問販売、電話勧誘販売、連鎖販売取引、特定継続的役務提供、業務提供勧誘販売取引の５つの類型です。そして、適法な契約書面の交付を受けた日がクーリング・オフの起算日になります。

●契約内容についての規制

　契約内容については包括信用購入あっせんと同様の規制が置かれています。具体的には、契約不適合（瑕疵担保）責任を不当に免責する特約は無効となります。また、購入者側から契約を解除した際の損害賠償金（遅延損害金）が一定の額を超えないように制限されています。さらに、購入者の未払いを理由に期限の利益を喪失させて一括支払を要求する場合、個別クレジット会社は20日間以上の期間を定めて催告することが必要です。

　そして、購入者が販売業者に対して契約の取消権・解除権や欠陥商品の交換請求権などの抗弁権を持つ場合には、その抗弁権を個別信用購入あっせん業者に対しても主張することができます（抗弁権の接続）。

　なお、訪問販売や連鎖販売契約の個別クレジット契約で、勧誘の際に重要な事実を伝えていなかった場合や、商品について真実と異なる説明をしていた場合には、個別クレジット契約を取り消すことが可能です。購入者が代金を支払っていたとしても、個別クレジット会社に代金の返還を求めることができます。

■ 取引条件の明示と契約書の交付義務

取引条件の明示	
タイミング	内容
個別信用購入あっせんによる販売まで（広告など）	現金販売価格、支払総額、支払回数、手数料など
契約書の交付	
タイミング	内容
販売契約の締結時（個別クレジット契約は5種類の特定商取引の場合）	商品等の引渡時期、支払総額、支払時期・方法、クーリング・オフに関する事項など

商品などの代金を後払いで分割して支払う契約について、クーリング・オフを行うことは可能でしょうか。

5種類の取引についてクーリング・オフを利用することが認められています。

　個別クレジット契約とは、商品購入の際に個別クレジット会社が販売会社に立替払いをして、購入者が2か月超にわたって分割払いまたは一括払いで代金を支払う契約のことです。

　かつては、個別クレジット契約をクーリング・オフする場合、販売会社に対して販売契約のクーリング・オフをしてから、その事実を個別クレジット会社に対しても主張しなければなりませんでした。現在では、個別クレジット契約そのものを直接クーリング・オフすることが可能です。そして、クーリング・オフの通知は、個別クレジット会社に対して行えばよく、その通知により販売会社との販売契約もクーリング・オフしたとみなされます。

　ただし、どのような個別クレジット契約であってもクーリング・オフが認められるというわけではありません。個別クレジット契約のクーリング・オフが認められるのは、①訪問販売、②電話勧誘販売、③連鎖販売取引、④特定継続的役務提供取引、⑤業務提供誘引販売取引という特定商取引法上の5種類の取引について個別クレジット契約を結んだ場合です。たとえば、③にあたるマルチ商法や、⑤にあたる内職商法の被害に遭ったときは、代金の支払いを個別クレジット契約で行うことにしていても、個別クレジット契約をクーリング・オフすることができます。通信販売

が対象外であることは知っておく必要があるでしょう。

そして、クーリング・オフできる期間は、特定商取引法が定めるそれぞれの取引の期間と同様です。たとえば、連鎖販売取引や業務提供誘引販売取引の場合は20日間です。

●すでに支払っていた割賦金は返還しなければならない

個別クレジット契約のクーリング・オフで問題となるのが、商品などの購入者がすでに代金の一部を割賦金として支払っている場合における、代金の返還についての取扱いです。

購入者としては、当然に代金の返還を請求したいところですが、個別クレジット会社はすでに販売会社に代金を立替払いしているため、購入者が支払った代金の返還をめぐってトラブルになることもありました。

現在の割賦販売法のルールでは、「個別クレジット会社はすでに受け取った代金を購入者に返還しなければならない」とされているため、個別クレジット会社は、購入者からの返金請求についてすみやかに応じるべきことになります。

■ 個別クレジット契約における購入者保護のルール

- 個別クレジット契約自体のクーリング・オフができる
- 訪問販売で必要以上に購入させられた場合には個別クレジット契約を解除できる
- 商品の性能等について正しい事実が伝えられなかった場合の個別クレジット契約の取消

→ すでに代金を支払っていても個別クレジット会社に返還請求できる

消費者の信用状況は、どのような機関が管理しているのでしょうか。

指定信用情報機関が、消費者の信用状況の記録・管理・照会業務を取り扱います。

　消費者の債務残高や支払履歴などを記録・管理し、一定の条件を満たしている法人で、経済産業大臣が指定する事業者を指定信用情報機関といいます。これらの指定信用情報機関にクレジット業者が会員として加入することで、消費者について、それぞれのクレジット業者での債務額や支払状況の共有ができます。なぜなら、会員となったクレジット業者は、消費者とクレジット契約を締結した場合、指定信用情報機関に情報提供する義務があるからです。また、契約時においてはクレジット業者が消費者から指定信用情報機関より情報照会することについての同意を得る必要があります。なお、会員であるクレジット業者の信用情報の取扱いについては、指定信用情報機関が監督する役目を担っています。

　このような指定信用情報機関制度が設けられたのは、近年増え続けていた多重債務問題を防止するためにクレジット規制を強化する必要が生じたためです。

　そこで、割賦販売法ではクレジット業者に対して購入者の支払可能と見込まれる額（支払可能見込額）を超える契約締結を禁止するため、支払可能見込額の調査を義務付け、関連する情報を提供する指定信用情報機関の制度を創設しました。指定信用情報機関に登録される情報は、氏名、住所、電話番号、生年月日をはじ

め、勤務先や本人確認書類記号・番号にまで及びます。さらに、包括クレジットや個別クレジットに関する契約年月日、債務残高、年間見込支払額、手数料などまで記録・管理されています。これらを総称して「基礎特定信用情報」と呼びます（下図）。

●一定の要件を満たさないと指定を受けることができない
　指定信用情報機関は、適正で安定的な業務の運営を行う必要があるため、保有する信用情報の規模や財産的基礎など一定以上の要件を満たさなければ、経済産業大臣の指定を受けることができません。法人であることは必須ですが、それ以外の要件として、「加入クレジット会社の数が100以上あること」「保有する商品名等の数が400万件以上」といった規模的な要件があります。また、「純資産額が5億円以上」「保有する債務の合計額が5兆円以上（包括クレジット1兆5000億円以上、個別クレジット3兆5000億円以上）」といった財産的な要件があります。その他、役員が禁錮以上の刑や個人情報に関する刑を受けていない、復権を得ない破産者でない、などの欠格要件が定められています。

■ 指定信用情報機関に提供される情報（基礎特定信用情報）……

● 購入者本人を識別するための情報
　氏名、住所、生年月日、電話番号、勤務先の商号または名称、運転免許証等の番号、本人確認書類に記載されている番号

● クレジットカードの場合
　契約年月日、支払いが行われていない債務の残額、1年間に支払うことが見込まれる額、債務や手数料の支払いの遅延の有無、包括信用購入あっせんを特定することができる番号

● 個別クレジットの場合
　契約年月日、支払いが行われていない債務の残額、1年間に支払うことが見込まれる額、債務・手数料の支払いの遅延の有無、個別信用購入あっせんを特定することができる番号

加入クレジット会社が指定信用情報機関に加入する際には、どのようなは義務を負いますか。

これまで取引した消費者に関する信用状況を示す情報を開示するなどの義務を負います。

　信用情報機関は、割賦販売以外にも、貸金業法に基づき、金融業者が消費者に過剰貸付を行うことがないように、消費者の登録情報を基に適正な融資判断を行う目的で創設された機関です。そのため情報の管理は厳格さと正確性が求められています。そこで、指定信用情報機関にはいくつかの義務が課せられています。指定信用情報機関の行う業務は、割賦販売法に定められた業務規定によるものですが、おもなものは基礎特定信用情報の提供を受け、それを記録・管理し、クレジット業者に提供することと、クレジット業者に対する監督です。これらに付随して基礎特定信用情報の正確性を確保する義務や、漏えい・滅失・破棄などを防止する安全管理措置を行う義務があります。

　また、指定信用情報機関としての透明性、中立性、公平性を確保する必要があるので、原則として兼業を行うことはできません。指定信用情報機関の行う業務を他の者に委託することもできません。ただし、委託に関しては経済産業大臣の承認を受けた場合に一部を委託することができます。他にも、指定信用情報機関の役員や職員には業務に関して知り得た秘密を漏らしてはならないという秘密保持義務が課せられています。違反者は2年以下の懲役もしくは300万円以下の罰金に処せられます。退職者についても

同様の義務が課せられます。

●**加入クレジット会社についての義務その他の規定**

　加入クレジット会社は、指定信用情報機関に加入する際（特定信用情報提供契約の締結時）に、それまでに交わした消費者との包括クレジット契約や個別クレジット契約に関する基礎特定信用情報（消費者の氏名などの他、消費者の債務の残額や債務などの支払いの延滞の有無などに関する情報）を提供する義務があります（債務が消滅していないものに限ります）。消費者と契約を締結する以前には、年収から生活維持費、クレジット債務などを減算した上で、返済履歴などさまざまな要素を考慮して、年間支払可能見込額を算定する義務を負います。これらの義務は返済不可能に陥る多重債務者が生まれないようにするのが目的です。また、消費者と包括クレジット契約や個別クレジット契約を締結した際は、遅滞なくその契約に関する基礎特定信用情報を提供する義務があります。これらの基礎特定信用情報に変更があった場合には、遅滞なく変更内容を提供しなければなりません。

　加入クレジット会社は、年間支払可能見込額を算定するため、指定信用情報機関に対し消費者に関する基礎特定信用情報などの提供を依頼する場合、あらかじめその消費者より同意を得る必要があります。その方法としては、書面または電磁的記録によるもの（電子メールやWebサイト上など）となります。また、これらの同意を得た記録についての保存義務も生じます。

　他には加入クレジット会社の役員や社員に、支払能力調査以外の目的で基礎特定信用情報の提供を受けることや、使用、第三者提供の禁止義務が定められています。違反者は2年以下の懲役もしくは300万円以下の罰金に処せられます。退職した者についても同様の義務が課せられます。

Question 18 クレジットカード番号等の情報漏えいを防ぐために、業者にはどのような義務が課せられていますか。

 カード発行業者と立替払取次業者はカード番号情報の安全管理義務を負います。

　国内の多くの通信販売、特にインターネット通販においては、クレジットカード番号と有効期限を入力するだけで商品を購入できるケースが多く見られます。そして、これを悪用して本人になりすまし、不正利用される被害は少なくありません。このような被害が相次ぐ経緯は、身近な人間によるものだけなく、企業の管理していた顧客のクレジットカード番号等（カード番号・有効期限・暗証番号）の流出が原因の場合も多くあります。これらを背景にクレジットカードの番号や暗証番号などの適正な管理・漏えいの防止に関する規制が必要になりました。

　実際に割賦販売法によってクレジットカード番号等の安全管理義務が課されている対象は、大きく分けてクレジットカード発行業者（イシュアー）と立替払取次業者（アクワイアラ）です。クレジットカード発行業者については、「２か月を超える支払条件のクレジットカード会社（包括信用購入あっせん業者）」と、翌月１回払いの「マンスリークリアカード発行会社（二月払購入あっせん業者）」が該当します。立替払取次業者とは、加盟店向けにサービスを提供する事業者（加盟店契約会社など）です。加盟店開拓や消費者の対価について立替払いを行っているため、クレジットカード番号等の取扱いが多く、安全管理措置が求められ

ます。また、コンピュータの不正アクセスなどによる情報漏えいを防ぐため、セキュリティ対策に関する調査義務も負います。

なお、具体的な安全管理措置は下図のとおりです。

●**管理義務に違反した場合など**

規制対象事業者の行う安全管理措置が定められた基準に適合していない場合、経済産業大臣より改善命令が下されます。命令に違反した者は、100万円以下の罰金に処せられます。

さらに、クレジットカード番号等について不正な利益を図る目的で提供や盗用した場合、3年以下の懲役または50万円以下の罰金に処せられます。また、クレジットカード番号等の無断複製をした者や、不正アクセスをした者、人を欺いてクレジットカード番号等の提供を受けた者なども同様の刑事罰に処せられます。

■ 管理のために必要な安全管理措置

組織的安全管理措置	クレジットカード番号等の適切な安全管理措置を行うために、従業者のそれぞれの権限と責任を明確に定めるとともに、管理に関する規程類を整備すること。定めた規程に従って運用していない場合は、組織的安全管理措置義務違反となる。
従業者の監督	クレジットカード番号等の適切な安全管理に関する教育や訓練を行い、運用にあたっては適切な管理が行われているかについて必要かつ適切な管理を行うこと。
物理的安全管理措置	クレジットカード番号等を記録した書類を保管する施設や設備、クレジットカード番号等の処理を行う電子計算機器や端末装置、場所について、不正なアクセスを予防する措置を行うこと。
技術的安全管理措置	クレジットカード番号等の処理を行う電子計算機器や端末装置が権限を有しない者に操作されないことや、これらの動作の記録帳簿をつける必要がある。

※その他、省令によって2次被害発生の防止措置や、再生防止策の措置などが求められている。

特定の商品やサービスについて、代金を前払いで支払う形式の契約では、どのようなトラブルが発生しますか。

会費を徴収するシステムの組織で多く利用され、解約をめぐるトラブルもあります。

「前払式」といわれる取引（前払式特定取引）では、買主が先に代金を支払い、目的物の引渡しは原則としてその支払いが終わった後になります。前払式特定取引の例として挙げられるものには、冠婚葬祭を取り扱う互助会や、百貨店などの友の会といった組織の取引があります。いずれの組織でも、特定のサービスや商品を購入することを前提として、会員から一定期間会費（積立金）を徴収します。満期時にボーナスなどと称して商品券を付与したり、一般よりも割安にサービスを受けられるといった特典をつけることで消費者にお得感を体感させることが目的です。

割賦販売法における前払式特定取引とは、①商品の取次ぎ（連絡・仲介のこと）や指定役務の提供または取次ぎを行うことを内容とする取引であること、②商品の引渡しや役務の提供に先だって対価の支払いを受けること、③対価は２か月以上の期間にわたり、かつ３回以上に分割して受領すること、これら３つの条件をすべて満たした取引を意味します。前払式割賦販売と似ていますが、前払式特定取引は商品に関しては取次ぎを行うもので、自ら販売を行うわけではない点が違いだといえます。

前払式特定取引業を開業する際には、経済産業大臣の許可が必要ですが、他の取引のような取引条件の開示や契約内容について

第5章 ● 割賦販売法　239

の規制は定められていません。

●たとえばどんな場合に問題となるのか

　前払式特定取引の契約において起こるトラブルの多くは、解約に関するトラブルが多いといえます。たとえば、ある冠婚葬祭互助会に入会した消費者が、互助会をやめることを希望した場合に、互助会側が解約を断ったために、悪質であると主張したり、解約に際して求める解約金が高額すぎると主張するなどのケースがあります。この場合、契約書には「転居や生活保護が必要なほどの困窮に陥るなどよほどの事情がない限り解約はできない」「解約時には当社の規定する解約料を請求する」などという特約が設けられていることが多いといえます。

　そのため互助会側が、解約の拒否を行ったり、解約料を請求する行為は、通常は特約に基づく正当な行為といえます。特に、消費者が契約書の内容に合意して契約している以上、特約の内容を遵守することを消費者に求めても、消費者に過度な負担を負わせることにはなりません。ただし、割賦販売法や消費者契約法などの法律の規定や約款基準により、消費者が解約条項の無効を主張できる可能性があるため注意が必要です。

■ **前払式特定取引のしくみ**

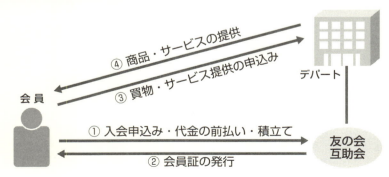

割賦販売契約を締結した後に、消費者に対する代金支払請求権を第三者に債権譲渡することについて、法的に問題点はありますか。

割賦販売法に対する脱法行為になるおそれがあります。

　割賦販売契約を締結する際に、事業者が持つ商品代金支払請求権という債権を、第三者に譲渡（債権譲渡）することに、消費者が異議を唱えないという条項が設けられることがあります。このような条項が設けられる多くの場合、契約締結後すぐに、割賦販売に関する事業者の商品代金支払請求権が、実際に第三者に譲渡されるケースが多いといえます。

　裁判例では、債権を譲り受けた者と消費者との間で、個別信用購入あっせん契約（個別クレジット契約）などの関係性がないことから、債権の譲受人が、消費者に商品代金の支払いを請求する場合、割賦販売法の適用はないと判断しています。

　本ケースが債権譲渡ではなく、販売事業者と消費者の他に、カード会社などが介在し、個別信用購入あっせんの方式が用いられている場合には、消費者はカード会社に対して、販売事業者に主張できる事項について、カード会社などにも同一の主張を行うことが可能です（抗弁権の接続）。しかし、債権譲渡が用いられた場合、債権の譲受人に販売事業者に主張できる事実を主張することはできません。したがって、債権譲渡による方式を選択した場合、割賦販売法の適用を免れるための、脱法的な手段であると思われる可能性があるため、注意しなければなりません。

リース会社が販売事業者から商品を購入し、それを消費者にリースする形式について、割賦販売法は適用されますか。

 原則として割賦販売法は適用されません。

　商品などの販売事業者が、直接的に消費者に商品などを販売し、代金を分割方式で徴収するのではなく、一度、リース会社に販売し、その後は消費者とリース会社との契約の中で、消費者からリース会社がリース料の支払いを受けるという方式をファイナンスリース契約といいます。ファイナンスリース契約については、販売事業者は、商品代金をリース会社から受け取っているので、割賦販売法が適用されることはありません。

　もっとも、ファイナンスリース契約において、リースに関する契約条件のすり合わせや、契約書面の作成などの段階まで、リース会社ではなく、商品の販売業者が行うケースがあります。これを提携リース契約といいます。提携リース契約は、カード会社が関与する個別信用購入あっせん契約と、当事者の関係性が似ています。それでも、提携リース契約には原則として割賦販売法は適用されません。確かに、商品の販売事業者がリース契約の条件のすり合わせなどを担当した場合、実際にリース会社に消費者がリース料を支払っていくにあたり、商品代金を分割式に振り分けたのと類似の状態といえます。しかし、リース契約はあくまでも、商品の代金相当額について、2か月を超える期間を設定した上での後払い方式ではありませんので、割賦販売には該当しません。

第6章

トラブル予防や解消の
ための法律知識

トラブル防止のための条項の作り方

消費者契約法によって無効とされる特約

　消費者契約に該当する取引を行うときには、消費者に約款（規約）を閲覧させ、内容に同意してもらうのが通常ですが、以下のような無効となる条項を定めないように注意しなければなりません。

・**債務不履行責任を免除する特約**

　事業者としては、後から問題が発覚した際、責任を負うことを避けたいため、契約であらかじめ「損害賠償の責任を免除する条項」を置くことがあります。たとえば「この契約の履行において消費者に何らかの損害が生じたとしても、事業者は一切損害賠償責任を負わない」「事業者の過失の有無を問わず、損害賠償責任は負わないものとする」といった内容がこれにあたります。

　しかし、消費者と事業者との契約の際に事業者の債務不履行について、賠償する責任の全部を免除する条項を置いたとしても、そのような条項は消費者契約法により無効になります。その条項が無効となる結果、事業者は民法やその他の法律に基づいて債務不履行責任を負うことになります。

・**債務不履行責任の一部を免除する特約**

　「事業者の損害賠償責任は〇〇円までとする」など、金銭の上限を定めることによって、事業者の損害賠償責任を一部免除する条項（一部免責条項）を消費者と事業者の間で定めることは原則として可能です。

　ただし、事業者に故意（どのような結果を招くかについて理解していること）または重過失（不注意の程度が著しいこと）がある場合にまで、当該事業者の責任の一部免除を認めている場合に

は、その条項は無効です。したがって、「事業者の故意・重過失による場合を除き、損害賠償責任の限度は30万円とする」という条項を置くことは認められています。

・不法行為責任の全部を免除する契約

消費者契約法は、債務の履行の際に、当該事業者の不法行為により消費者に生じた損害について、責任の全部を免除する条項を置いたとしても、無効になると規定しています。

つまり、たとえ契約書の中に「いかなる事由においても当社は一切損害賠償責任を負いません」などの特約があったとしても、事業者が不法行為をしたのであれば、損害賠償責任を免れることはできないということになります。

・不法行為責任の一部を免除する特約

消費者と事業者の間では、不法行為による損害賠償責任の全部ではなく、一部を免除する約束をすることがあります。

たとえば、当初の契約で「事業者の責任により生じた損害を賠償する場合、10万円を上限とする」という特約を定めるような場合です。不法行為による損害賠償責任の一部を免除するような条項については、当該事業者に故意または重過失がある場合にまで、不法行為責任の一部免除を認める内容であれば、その条項は無効

■ 債務不履行責任の一部免除規定の例

> 第○条　事業者が民法第415条の規定に基づいて損害賠償の責任を負担する場合、20万円を負担額の上限とする。ただし、当該事業者に故意又は重過失がある場合には生じた損害の全部について賠償する責任を負う。

事業者に故意・重過失がある場合には一部免除は認められない

になります。つまり、責任の全部を免除する条項の場合と違い、事業者やその従業員に故意および重過失がない場合に不法行為によって生じた損害の一部を免除する内容の条項は有効です。

したがって、「事業者の故意または重過失による不法行為を除き、損害賠償責任の限度は30万円とする」などのように、故意または重過失の場合に責任を負うことを明確にしていれば、一部免除を規定していても有効になります。

・契約不適合（瑕疵担保）責任の免責特約

消費者に引き渡した目的物が契約の内容に適合しない場合に事業者が負う責任を契約不適合責任といいます。2020年施行の民法改正に伴い、瑕疵担保責任に代わり導入された売主等の責任です。契約不適合責任を免除する特約自体は認められますが、消費者契約が有償契約である場合には、消費者保護のため、目的物の種類・品質が契約の内容に適合しない場合に事業者の責任の全部を免除する条項が無効となります。この場合、事業者は、民法などの法律が定める通りの契約不適合責任を負います。

ただし、上記の契約不適合責任の全部を免除する条項（全部免除条項）を定めていたとしても、事業者が消費者に対して目的物の履行追完責任（商品の交換などの責任）または代金減額責任を

■ **不法行為責任の一部免除規定の例**

> 第○条　事業者が民法第3編第5章の規定により不法行為に基づく損害賠償の責任を負担する場合、30万円を負担額の上限とする。ただし、当該事業者に故意又は重過失がある場合には生じた損害の全部について賠償する責任を負う。

事業者に故意または重過失がある場合には一部免除は認められない

負うことを定めた条項などを置いていれば、例外的に全部免除条項が無効となりません。

・**高額の損害賠償金や違約金を定める特約**

将来債務不履行で損害が生じた場合に備え、契約時に「キャンセル料」「違約金」などの名目で、損害賠償金や違約金を確保することがあります。このような措置を賠償額の予定といいます。

本来損害賠償額や違約金については、契約で自由に決めることができるのですが、消費者契約の解除に伴う損害賠償の額や違約金を定めた場合、事業者に生ずべき平均的な損害額を超える賠償額の予定をしても、その超える部分が無効になります。

また、消費者の代金支払債務の履行が遅れた場合の損害賠償額や違約金をあらかじめ定める場合、年利14.6％を超える賠償額を設定することも認められません。

・**消費者の利益を一方的に害する特約**

消費者の権利を制限し、または消費者の義務を加重する消費者契約の条項であって、民法が定める信義則に反して消費者の利益を一方的に害するものは無効になります（消費者契約法10条）。

たとえば、消費者の契約解除権を剥奪したり、消費者に立証責任を課すような条項は無効とされる可能性が高くなります。

■ **無効な違約金条項の例**

> 第〇条　甲の都合により予約の取消または予約内容の大幅な変更をする場合、その時期を問わず、利用料の90％のキャンセル料を支払うこととする。

他の同業者が規定している平均的な内容とはいえないので、このような違約金条項は無効！

通信販売の広告記載事項

必要的記載事項の内容

　通信販売では、消費者は広告を見ることで商品を購入するかどうかを判断します。そこで、特定商取引法は、原則として通信販売を行う際の広告について以下に記載する一定の事項を表示することを義務付けています（特定商取引法11条）。この一定の事項のことを必要的記載事項といいます。通信販売では、販売業者の概略、取引の条件などが必要的記載事項とされています。以下、それぞれの記載事項について具体的に説明します。

・販売価格

　商品の販売価格は、消費者が実際に支払うべき「実売価格」を記載することになっています。希望小売価格、標準価格などを表示していても、実際にその金額で取引されていなければ、「実売価格」を表示したとはいえません。また、消費税の支払いが必要な取引では、消費税込の価格を記載する必要があります。

・送料

　購入者が送料を負担する場合は、販売価格とは別に送料を明記する必要があります。送料は、顧客が負担すべき金額を具体的に記載します。全国一律、同じ送料で商品を配送する場合は、「送料は全国一律〇〇円」と簡単に表示できます。一方、送料の金額が全国一律ではない場合は、商品の重量、サイズを明記し、配送地域ごとに送料がいくらになるかを記載するのがよいでしょう。また、商品の重量、サイズ、発送地域を記載した上、配送会社の料金表のページにリンクを張るという方法もあります。

・その他負担すべき金銭

　「その他負担すべき金銭」は、販売価格と送料以外で、購入者

が負担すべきお金のことです。

たとえば、「組立費」「梱包料金」「代金引換手数料」などが代表的なものです。取引にあたっては「組立費」「梱包料金」などの金額につき、費用項目を明示して、具体的な金額を記載する必要があります。消費者が、どれだけの費用がかかるのかを正確に知り、安心して取引できるようにするためです。したがって、「梱包料金、代金引換手数料は別途負担」とだけ記載し、具体的な金額を明記していないものは不適切な表示となります。

・**代金の支払時期**

代金の支払時期には、前払い、後払い、商品の引渡しと同時（代金引換）などいくつかのパターンがあります。たとえば、後払いでは、「商品到着後、1週間以内に同封した振込用紙で代金をお支払いください」と記載します。

一方、代金引換の場合は、「商品到着時に、運送会社の係員に代金をお支払いください」などと記載します。

・**商品の引渡し時期**

通信販売は、注文のあった商品が消費者のもとに届くまでにどれくらいの期間がかかるかを明確に表示する必要があります。つまり、商品の発送時期（または到着時期）を明確に表示します。

前払いの場合には、「代金入金確認後〇日以内に発送します」と記載します。一方、代金引換の場合は、「お客様のご指定日に商品を配送します」と表示します。なお、「時間をおかずに」という意味で、「入金確認後、直ちに（即時に、速やかに）発送します」と記載することも可能です。

・**代金（対価）の支払方法**

代金の支払方法が複数ある場合には、その方法を漏らさずに記載する必要があります。たとえば、「代金引換、クレジット決済、銀行振込、現金書留」のように、支払方法をすべて列挙します。

・返品の特約に関する事項
　返品の特約とは、商品に欠陥がない場合にも、販売業者が返品に応じるという特約のことです。返品特約については、その有無を明確に記載する必要があります。
　具体的には、どのような場合に返品に応じて、どのような場合には応じないのかを明確に記載します。また、返品に応じる場合には、返品にかかる送料などの費用の負担についても明記します。
　たとえば、返品特約がある場合には、「商品に欠陥がない場合にも〇日以内に限り返品が可能です。送料は、商品に欠陥がある場合には当方負担、欠陥がない場合には購入者負担とします」と記載します。一方、返品特約がない場合には、「商品に欠陥がある場合を除き、返品には応じません」と記載します。
　なお、通信販売の広告に、返品特約に関する事項が表示されていない場合は、商品を受け取った日から8日間以内は、消費者が送料を負担して返品（契約解除）できます。

・事業者の氏名、住所、電話番号
　個人事業者の場合には、氏名（または登記された商号）、住所及び電話番号を記載します。一方、法人では、名称、住所、電話番号、代表者の氏名（または通信販売業務の責任者の氏名）を記載します。「氏名（名称）」は、戸籍上または商業登記簿に記載された氏名または商号を記載します。通称、屋号、サイト名の記載は認められません。「住所」「電話番号」は、事業所の住所・電話番号を記載します。
　事業者の氏名、住所、電話番号などについては、消費者が見たいと思った時にすぐに探せるように、原則として画面上の広告の冒頭部分に表示しなければなりません。

・通信販売に関する業務責任者の氏名
　通信販売を手がける法人事業部門の責任者（担当役員や担当部

長）の氏名を記載します。実務上の責任者であればよいので、会社の代表権を持っている必要はありません。前述した事業者の氏名、住所、電話番号と同様、責任者の表示についても、画面上の広告の冒頭部分に表示することが求められています。

・契約不適合責任についての定め

　契約不適合責任とは、引き渡した商品が契約の内容に適合しない場合に事業者（売主等）が負う責任です。契約不適合責任に関する特約がある場合には、その内容を記載する必要があります。事業者の契約不適合責任をすべて免除する特約は、消費者契約法によって原則無効となるので注意してください（246ページ）。特約の記載がないときは、民法などの原則に従って処理されます。

必要的記載事項を省略できる場合

　「特定商取引法に基づく表示」とは、特定商取引法11条に基づいて事業者（通信販売業者）に義務付けられている広告事項です。必要的記載事項について表示することになります。

　ただし、広告スペースなどの関係で、必要的記載事項をすべて表示することが難しい場合には、以下の要件を満たせば、表示を一部省略できます。まず、広告上に、「消費者からの請求があった場合には必要的記載事項を記載した文書または電子メールを送付する」と記載することが必要です。また、実際に消費者から請求があった場合に、必要的記載事項を記載した文書や電子メールをすみやかに送付できるような措置を講じていなければなりません。商品の購入に関して、申込期限がある場合には特に重要です。

　特定商取引法11条の規定に違反した場合、消費者などの利益が著しく害されるおそれがあると認められたときには、事業者に対して、2年以内の期間を限り、通信販売に関する業務停止が命じられることがあるので留意する必要があります。

書式 特定商取引法に基づく表示

特定商取引法に基づく表示

商品名	商品毎にウェブサイト上に表示しています。
代金	商品毎にウェブサイト上に表示しています。
送料	4000円以上お買上げの場合は無料、その他の場合は全国一律400円をご負担頂きます。
代金支払方法	次のいずれかの方法によりお支払い下さい。 ① クレジットカード番号を入力する。 ② 弊社指定の銀行口座へ振り込む。 ③ コンビニ決済の番号を取得してコンビニで支払う。 ④ 商品を届ける宅配業者に現金で支払う。
代金支払時期	① クレジットカードによるお支払いは商品発送の翌月以降に引き落とされます。 ② 弊社銀行口座へのお振込みは商品発送前に前払いして下さい。 ③ コンビニでのお支払いは商品発送前に前払いして下さい。 ④ 代金引換発送は商品お受取り時にお支払い下さい。
商品のお届け時期	代金引換の場合はお申込日から、それ以外は決済日または入金日から1週間以内にお届け致します。
商品のお申込のキャンセル	お申込後のキャンセルはお受け致しかねます。
商品の返品について	商品不具合以外を理由とする返品はお受け致しかねます。
事業者名	株式会社スズタロダイエット
所在地	東京都〇〇区〇〇1-2-3
電話番号	03-0000-0000
通信販売業務責任者	鈴 木 太 郎

クーリング・オフのしくみと告知書面の作成法

クーリング・オフ制度とは

　クーリング・オフを日本語に訳すと「頭を冷やす」という意味になります。事業者との契約後、2、3日後になって冷静に考えてみると「必要のない契約をした」と後悔し、契約を解除したいと思うことがよくあります。そのような場合のために、一定期間の間は、消費者から申込みを撤回し、または契約を解除（最初から契約をなかったことにする）できることを法律で認めています。この法律で認められた一定期間のことをクーリング・オフ期間と呼びます。この期間を過ぎるとクーリング・オフができなくなります。クーリング・オフできる取引は、さまざまな法律で決められています（次ページ図参照）。

　クーリング・オフは一度行った契約を消滅させる強力な効果があります。クーリング・オフを行ったことをはっきりさせておかなければ、後で「契約を解除した」「いやしなかった」という水かけ論になる危険もあります。どんな法律でもクーリング・オフの通知（告知）は「書面」で行うことが必要です。「書面」であれば、ハガキでも手紙でもかまいません。

　しかし、普通郵便だと郵便事故で相手に届かないこともあります。また、悪質業者の場合だと、クーリング・オフのハガキや手紙が来ても無視する危険性が高いといえます。そこで内容証明郵便を使うのが最も確実です。

内容証明郵便とは

　内容証明郵便は、誰が・いつ・どんな内容の郵便を・誰に送ったのかを郵便局が証明してくれる特殊な郵便です。郵便は、正確

かつ確実な通信手段ですが、それでも、ごく稀に何らかの事故で配達されない場合もあります。一般の郵便物ですと、後々「そんな郵便は受け取っていない」「いや確かに送った」というような事態が生じないとも限らないわけです。内容証明郵便を利用すれば、そうした事態を避けることができます。

たしかに、一般の郵便物も書留郵便にすれば、郵便物の引受時から配達時までの保管記録が郵便局に残されます。しかし、書留郵便は、郵便物の記載内容の証明にはなりません。その点、内容証明郵便を配達証明付にしておけば間違いがありません。

クーリング・オフの効果

クーリング・オフは、書面を発送した時（電子内容証明郵便の場合は受け付けた時）に効果が発生します。つまり、クーリング・オフできる期間の最終日に書面を出したが、業者に届いたのはその３日後だったとしても、契約の申込みの撤回もしくは解除の効果が生じます。クーリング・オフにより、業者は消費者が支払った代金全額をすぐに返還する義務を負います。

■ クーリング・オフできるおもな取引

クーリング・オフできる取引	クーリング・オフ期間
訪問販売	法定の契約書面を受け取った日から８日間
電話勧誘販売	法定の契約書面を受け取った日から８日間
マルチ商法（連鎖販売取引）	法定の契約書面を受け取った日（商品引渡しが後である場合は引渡し日）から20日間
現物まがい商法（預託取引）	法定の契約書面を受け取った日から14日間
海外先物取引	海外先物契約締結の翌日から14日間
宅地建物取引	クーリング・オフ制度告知の日から８日間
ゴルフ会員権取引	法定の契約書面を受け取った日から８日間
投資顧問契約	法定の契約書面を受け取った日から10日間
保険契約	法定の契約書面を受け取った日から８日間

※期間は契約日を含む。ただし、海外先物取引は契約日の翌日から起算。

クーリング・オフの告知書面の書き方

特定商取引法では、訪問販売・電話勧誘販売・連鎖販売取引・特定継続的役務提供・業務提供誘引販売取引・訪問購入の各取引について、消費者にクーリング・オフを認めています。事業者は購入者からこれらの契約の申込みを受けた際には、書面を交付してクーリング・オフに関する事項を告知しなければなりません。告知は赤枠の中に赤字で記載します。たとえば、訪問販売の場合には以下のように記載します。

【クーリング・オフのお知らせ】
・書面受領日を含む8日間は、書面により無条件に売買契約の申込みの撤回または契約の解除をすることができます。
・クーリング・オフの効力はお客様が書面(下記参照)を発信した時(消印日付)から発生します。
・クーリング・オフをした場合、損害賠償または違約金の支払いの必要はなく、お客様が支払っている金銭等があれば全額返金し、手数料のご負担もございません。
・申込みが営業のため、もしくは営業として締結された場合にはクーリング・オフの適用はありません。

(表)

(裏)

第6章 ● トラブル予防や解消のための法律知識

【監修者紹介】
森　公任（もり　こうにん）
昭和26年新潟県出身。中央大学法学部卒業。1980年弁護士登録（東京弁護士会）。1982年森法律事務所設立。おもな著作（監修書）に、『図解で早わかり　倒産法のしくみ』『不動産契約基本法律用語辞典』『民事訴訟・執行・保全　基本法律用語辞典』『契約実務　基本法律用語辞典』『中小企業のための会社法務の法律知識と実務ポイント』『図解で早わかり　相続・贈与のしくみと手続き』など（小社刊）がある。

森元　みのり（もりもと　みのり）
弁護士。2003年東京大学法学部卒業。2006年弁護士登録（東京弁護士会）。同年森法律事務所 入所。おもな著作（監修書）に、『図解で早わかり　倒産法のしくみ』『不動産契約基本法律用語辞典』『民事訴訟・執行・保全　基本法律用語辞典』『契約実務　基本法律用語辞典』『中小企業のための会社法務の法律知識と実務ポイント』『図解で早わかり　相続・贈与のしくみと手続き』など（小社刊）がある。

森法律事務所
弁護士16人体制。家事事件、不動産事件等が中心業務。
〒104−0033　東京都中央区新川2−15−3　森第二ビル
電話　03-3553-5916
http://www.mori-law-office.com

すぐに役立つ
図解とQ&Aでわかる
特定商取引法と消費者取引の法律問題トラブル解決法

2019年11月30日　第1刷発行

監修者	森公任　森元みのり	
発行者	前田俊秀	
発行所	株式会社三修社	
	〒150-0001　東京都渋谷区神宮前2-2-22	
	TEL　03-3405-4511　FAX　03-3405-4522	
	振替　00190-9-72758	
	http://www.sanshusha.co.jp	
	編集担当　北村英治	
印刷所	萩原印刷株式会社	
製本所	牧製本印刷株式会社	

©2019 K. Mori & M. Morimoto Printed in Japan
ISBN978-4-384-04830-8 C2032

JCOPY〈出版者著作権管理機構　委託出版物〉
本書の無断複製は著作権法上での例外を除き禁じられています。複製される場合は、そのつど事前に、出版者著作権管理機構（電話 03-5244-5088　FAX 03-5244-5089 e-mail: info@jcopy.or.jp）の許諾を得てください。